감자탕 교회 이야기

감자탕 교회 이야기

양병무 지음

1판 1쇄 발행 2003. 2. 26. | **1판 46쇄 발행** 2025. 1. 27. | **발행처** 포이에마 | **발행인** 박강휘 | **등록번호** 제300−2006−190호 | **등록일자** 2006. 10. 16. | 서울특별시 종로구 북촌로 63−3 우편번호 03052 | 마케팅부 02)3668−3260, 편집부 02)730−8648, 팩스 02)745−4827

값은 뒤표지에 있습니다. ISBN 978−89−93474−03−9 03230 | **독자의견 전화** 02)730−8648 | **이메일** masterpiece@poiema.co.kr | 좋은 독자가 좋은 책을 만듭니다. | 포이에마는 독자 여러분의 의견에 항상 귀를 기울이고 있습니다.

감자탕 교회 이야기

양병무 지음

포이에마
POIEMA

차례

"요즈음 어떠세요."

"너무 행복합니다."

"교회가 이렇게 재미있는 곳인 줄 몰랐어요."

2002년 1월 서울의 수락산 기슭에 위치한 서울광염교회에 온 이후 매일같이 하는 고백이다. 저자만의 생각이 아니다. 거의 모든 사람들이 행복하다고 합창한다. 틈만 나면 담임목사를 존경하고 사랑한다고 말한다. 조현삼 담임목사 또한 자신은 행복한 목사라고 스스로 노래부른다.

"부족한 목사를 귀한 성도님들이 사랑해 주시니 행복할 수밖에요. 저는 성도가 10명일 때도 행복했고, 100명일 때도, 500명일 때도, 900명이 넘는 지금도 행복합니다. 지난 10년 동안 하나님과 성도들을 기쁘게 해드리기 위해 최선을 다해 목회를 했습니다. 지금 하나님 나라에 간다고 해도 여한이 없습니다."

교인과 목사의 관계가 존경과 행복으로 연결되어 있다는 게 신선한 충격이었다. 그것도 버젓한 자체 예배당도 없는 가난한 셋방살이 교회에서 모두가 행복하다니. 리더십 연구를 하는 내게 광염교회와의 만남은 리더십 연구의 새로운 영역을 제시해주었다. 광염교회의 목사와 교인들의 관계야말로 리더십 연구의 훌륭한 사례가 아닐 수 없다.

'존경받는 목사님, 행복한 성도들'로 상징되는 광염교회는 가까이 갈수록 사랑과 기쁨이 넘치는 교회다. 천국을 경험하고 확장하는 교회, 주일이 기다려지는 교회, 어머니 품속 같은 교회, 우는 이와 함께 울고 웃는 이와 함께 웃는 교회, 재정을 투명하게 공개하는 교회, 교회 재정을 100만 원만 남기고 집행하는 교회, 절기헌금 전액을 구제비로 집행하는 교회라는 꿈과 원칙이 실현되고 있다.

이런 자료들을 정리하고 싶어 처음에는 '감자탕 교회 이야기'란 제목으로 교회 홈페이지에 글을 쓰기 시작했다. 이 교회가 감자탕 교회라고 불리는 이유도 흥미롭다. 5층짜리 상가 건물에 1층에는 감자탕 집이 있고 교회는 3층에 자리잡고 있는데, 옥상에 매달린 감자탕 집 간판은 크고 교회 간판은 너무 작아 멀리서 보면 '감자탕'이라는 글자만 눈에 띈다. 그래서 감자탕 교회가 되었다.

또 광염교회는 디지털 교회라는 별명이 따라다닌다. 일찍이 1994년에 홈페이지(www.sls.or.kr)를 만들었고 지금은 하루 1천 명 이상이 다녀가는 사이버상의 큰 교회를 이루고 있다. 실제로 교회 행정이 홈페이지를 통해 이루어진다. 모든 일정이 게시판에 올라와 그것을 보고 교역자와 교인들이 자발적으로 움직인다. 홈페이지를 보아야 교회가 어떻게 돌아가는지 알 수 있다. 담임목사는 교회 홈페이지 '칼럼'과 '조 목사와 함께' 코너에 자신의 생각은 물론, 자질구레한 일과까지 올린다. 교인들도 자유롭게 글을 올려 쌍방향 의사소통을 하고 있다.

이 책도 완전히 디지털 방식으로 씌어졌다. 담임목사가 홈페이지에 '감자탕 교회 이야기'라는 방을 만들어 주었고 그곳에다 글을 올리면 여러 분들이 덧달기를 통해 의견을 제시해주었다.

광염교회는 교회 성장의 새로운 모델을 보여준다. 상가 건물에서 셋방살이 하면서도 부흥할 수 있다는 좋은 본보기가 된 것이다. 건물보다는 사람에 투자한다는 확고한 목회 철학을 가지고 장학·구제·선교 사업에 재정의 30퍼센트 이상을 과감하게 투자한 결과, 매년 5천만 원이 넘는 장학금을 지급하고, 가난한 이웃을 위한 구제사업에 앞장서고, 재난이 발생하면 현장에 즉시 출동하며, 캄보디아 광염대학교와 중국 광염관을 세우는 등 상상할 수 없는 일들을 실천하고 있다. 이러한 노력들을 높이 평가하여 최근 기독교방송인 CBS는 광염교회를 '건강한 교회'로 선정하여 20분 동안 방영하기도 했다.

나는 이 교회에 온 지 채 두 달도 안 돼 글을 쓰기 시작했다. 이것이 어떻게 가능했을까. 담임목사의 열린 마음과 포용력 때문이다. 그리고 누구에게나 자신 있게 공개할 수 있는 감동적인 사건들이 홈페이지에 즐비하게 준비되어 있기 때문이었다. 글을 쓸 때 조 목사는 일체 관여하지 않을 테니 소신껏 쓰라고 격려하면서 단 하나의 조건만을 주문했다. 다른 교회나 목사를 비판하지 말고 우리 교회 이야기만 쓰라고 했다. 광염교회에 문제가 있다고 지적하는 것은 좋으나 남에 관한 비판은 하지 말라는 것이다. "어둠을 어둠이라고 말하고 썩은 것을 썩었다"고 지적하는 게 기독교인의 사명은 아니라고 진지하게 부탁했다. 한국 교회의 문제점은 곧 모든 기독교인의 아픔이기에 문제점에 대해서는 자녀를 대하는 아버지의 마음을 가지고 바라보라고 했다.

참 당황스러웠다. 평소 한국 교회의 문제점에 대해 많은 생각을 해왔기 때문에 더욱 그러했다. 문제점을 지적하지 않고 어떻게 글을 쓰란 말인가. 기존 교회의 문제점을 비판한 다음, 그 대안으로 광염교회를 보여주려는 속마음이 있었기에 더욱 당혹스러웠다. 한 교회에 국한해 글을 쓴다는 게 처음에는 고통이었으나 시간이 지나면서 귀한 깨달음을 얻었다. 조 목사를 비롯한 많은 광염교회 사람들이 신앙과 삶 속에서 '남에게는 관대하고 자신에게는 엄격한 사랑과 관용의 모습'을 일관되게 보여주려고 노력하는 자세를 보면서 깊은 감명을 받았다. 동시에 내 눈 속의 들보는 보지 못한 채 상대방 눈 속의 티를 보고 흥분하고 비판하는 자세를 갖고 살아온 데 대해 뼈아픈 회개를 하게 되었다. 그러고 나서 세상과 교회를 바라보니 새로운 세계가 보이기 시작했다.

광염교회에는 삶 속에서 살아 움직이는 예수를 발견할 수 있는 감동적인 이야기들이 도처에 널려 있다. 나는 그 흩어져 있는 이야기들을 모았을 뿐이다. 부족한 내게 교회 이야기를 쓰도록 허락해 주신 하나님과 조현삼 목사님 그리고 그 외 많은 분들께 감사를 드린다.

이 책이 기독교인뿐만 아니라 비기독교인에게도 행복의 비결과 사랑의 실천을 이해하는 데 조금이나마 도움이 된다면 이보다 더 큰 기쁨과 영광은 없을 것이다. 또한 목사님에 대한 존칭이 책의 편집상 생략된 데 대해 독자들의 이해를 바란다. 앞으로 글의 내용에 대한 어떠한 비판과 지적도 겸허하게 받아들여 더욱 알차고 객관적인 내용이 되도록 노력할 것을 약속드린다.

아름다운 수락산을 바라보며
양병무

제1장

사람을 감동시키는 교회

예배당이 작은 큰 교회, 감자탕 교회는 건물보다는
사람을 세우는 데 더 높은 가치를 두고 있다. 외형만을
중시하는 양적 성장을 거부하고 내면을 중시하는 질적
성장을 추구하는 것이다. 사람의, 사람을 위한,
사람에 의한 교회, 사랑과 칭찬과 감사로 충만한 교회,
예수님의 마음으로 모든 영혼을 진정으로 사랑하는 교회,
모든 사람이 성장하는 교회, 이것이 바로 지난 10년간
광염교회를 흔들림 없이 지켜준 모습이다.

왜 감자탕 교회인가

감자탕! 얼큰하고 구수한 국물 맛이 일품이다. 손바닥만한 뼈다귀에 옹기종기 붙어 있는 살점을 발라 먹는 맛 또한 큰 즐거움이다. 그러나 역시 마지막에 주먹만한 감자를 젓가락으로 쪼개 먹을 때 감자탕의 진미를 맛볼 수 있다. 감자탕은 설렁탕과 더불어 서민들의 사랑을 받는 음식이다. 동네마다 감자탕을 잘한다고 소문난 집들이 있다. 서울의 수락산 입구에도 감자탕으로 둘째 가라면 서러워할 식당이 있다. 바로 도봉산 감자탕 집이다. 5층짜리 건물의 1층에 자리 잡고 있는 이 감자탕 집은 음식 맛을 자랑이라도 하듯 간판을 1층뿐만 아니라 옥상에도 크게 내달았다.

이 건물의 4층에는 태권도 도장이 자리잡고 있다. 4층 역시 1층에 뒤질세라 간판을 크게 걸어놓았다. 그러나 3층과 5층을 사용하고 있는 서울광염교회(이하 '광염교회')의 옥상 간판은 형편없이 작다. 마치 큰형과 둘째형에게 밀려 빈약하게 자란 셋째아들처럼 볼품없이 걸려 있다. 감자탕 교회라는 별명도 초라한 겉모습에서 비롯되었다.

처음 방문하는 사람들이 광염교회를 한 번에 찾기란 하늘의 별따기만큼 어렵다. 마치 보물찾기라도 하듯, 수없이 교회 앞을 지나가면서도 커다란 간판들에 파묻힌 교회 간판을 찾기가 매우 힘들기 때문이다.

이런 일이 자주 발생하자 교인들은 교회 간판을 좀더 큰 것으로 바꿔 달자고 했지만 담임목사인 조현삼 목사는 그대로 놓아두라고 했다. 교회를 찾는 사람이 간판 보고 오는 것은 아니며 간판 가지고 아래층과 경쟁하면 그리스도인의 사랑을 실천하는 일에도 어긋난다는 것이 그 이유였다. 목사는 교회 간판을 바꿀 마음이 전혀 없고 찾아오는 사람들은 그들대로 교회 찾느라 고생하다 보니, '교회 찾아오는 길'을 설명할 때 궁여지책으로 감자탕 집을 빼놓을 수 없게 되었다. 처음에는 감자탕 집 위층이라고 소개하다가 언제부터인가 아예 감자탕 교회로 둔갑하고 말았다.

광염교회는 감자탕 교회이므로 당연히 단독으로 지어진 예배당 없이 셋방살이를 하고 있다. 이 자리에서 10년째 예배를 드리고 있는데, 교인 수는 매년 봇물처럼 불어나 현재 어른만 900명이 넘게 출석한다. 한자리에서 다 같이 예배드릴 공간이 없어 주일 낮 예배를 5부로, 저녁 예배도 3부로 나누어 드린다. 지난해 송구영신 예배도 3부로 나누어서 드렸다. 엄밀하게 따지면 1부와 2부 예배를 드린 사람들은 저녁 일찍 예배를 드리고 집으로 돌아갔으니 '송구 예배'만 참석하고 '영신 예배'는 드리지 못한 셈이다.

그런데 희한한 것은 교인들이 이런 좁아터진 감자탕 교회에 다니면서도 불만이 없다는 사실이다. 뭐가 그리 좋은지 만나는 사람마다 얼굴에 사랑과 행복이 가득하다. 서로 만나기만 하면 사랑한다고 말하고 칭찬하며 감사하다는 인사를 나눈다.

감자탕 교회 사람들이 행복한 이유는 바로 감자탕 교회를 부끄럽게 생각하지 않는다는 데 있다. 평안부 부장인 김귀식 집사는 "멋진 건물을 소유한 교회에서 신앙생활을 해보았지만 초라한 감자탕 교회만큼 행복한 적이 없었어요"라고 고백한다. 웅장한 교회 건물이 부족한 신앙심을 채워주지는 못한다는 것이다. 그렇다고 건물이 큰 교회를 무시하거나 과소평가하는 것은 아니다. 오히려 큰 교회는 그 나름대로 큰 일을 하는 좋은 교회라고 생각한다.

곰곰이 생각해보면 감자탕과 광염교회는 닮은 점이 많은 것 같다. 감자는 원래 건조한 땅에서도 잘 자라기 때문에 흉년이 들면 더욱 진가를 발휘하는 식품이다. 그래서 역사학자들은 감자가 어려운 때 인류를 구한 귀한 식품이라고 강조한다. 감자가 없었다면 기근으로 많은 사람이 죽어갔을 터인데 감자 덕택에 생명을 보존하는 경우가 많았다는 것이다. 또 감자 맛을 제대로 알려면 소금에 찍어 먹어야 한다. 먹을 게 귀했던 시절, 감자는 중요한 간식의 역할을 했다. 감자는 건조한 토양에서도 잘 자라니 햇빛을 풍성히 받을 수밖에 없다. 이처럼 감자는 '빛과 소금'과는 떼려야 뗄 수 없는 관계이니 감자탕과 광염교회의 만남은 절대 우연이 아니라는 생각이 든다.

예배당이 작은 큰 교회

광염교회는 작은 거인들이 모여 신앙생활을 하는 공동체다. 자체 예배당 건물이 없어 감자탕 교회라는 별명이 붙었으니 작은 교회임에 틀림없다. 교인 수가 늘어나면서 예배 장소를 확장하였으나 근처의 사무실들을 임대하는 바람에 장소가 여기저기 흩어져 있다. 본당은 감자탕 건물 3층, 초등부와 식당은 같은 건물의 5층, 유년부는 옆 건물의 3층, 교회 사무실인 비전 하우스는 또 다른 건물의 2층, 그리고 중·고등부는 그 옆 건물의 2층에 자리잡고 있다. 예배 장소와 사무실이 다섯 군데로 갈라져 있으니 동서남북에 흩어져 있는 이산가족 신세이다. 비라도 오는 날이면 불편함은 이루 말할 수 없다.

하지만 정말 작은 교회일까. 2002년 1월과 2월 두 달 동안에 재정부에서 지출한 내용을 살펴보자. 캄보디아 광염대학 건립 지원 5천만 원, 상반기 광염 장학생 18명에게 3천만 원의 장학금 지급, 광염학사 건립 지원 3천만 원, 설날 불우이웃에 대한 사랑의 과일 700박스 전달, 북한 동포에게 쌀 4톤 지원, 중국 광염관 정미소 건축에 1500만 원 지원, 1월과 2월 두 달 간의 헌금 총액 2억 원 등.

작은 교회가 아니라는 또 다른 증거가 있다. 주일 낮 예배를 5부, 저녁 예배를 3부로 나누어 드리니 같은 교회에 다니면서도 교인들이 서로 만나기 어렵다.

셋방살이하는 교회가 남 돕는 일에는 겁 없이 앞장서고 있다. 예수 님께서는 좁은 문으로 들어가라고 말씀하셨는데 이들이야말로 넓은 문 대신에 좁은 문을 선택하였다. 그렇지만 마음은 정말 부자다.

성경에서는 겉모습으로 판단하지 말고 중심을 보라고 했다. 광염교 회는 비록 예배 장소는 비좁고 볼품없어 보이지만 하는 일들을 보면 넉 넉하고 큰 교회이다. 그래서 사람들은 자신이 다니는 교회를 '예배당 이 작은 큰 교회'라고 부른다. 광염교회는 외형만을 중시하는 양적 성 장을 거부하고 내면을 중시하는 질적 성장을 추구한다. 사람들이 보기 에 좋은 교회가 아니라 하나님이 보시기에 흡족한 교회가 되기를 바라 는 게 그들의 소망이다.

그렇다고 예배당이 큰 교회를 바라지 않는 것은 아니다. 큰 예배당 을 갖고 있으면서 큰일까지 하는 것은 아직은 시기상조라고 생각할 뿐 이다. 예배당 확장 부장인 이동상 집사는 "예배당 건물이 아닌 사람이 남는 교회를 철저히 고집하시는 목사님의 뜻은 이미 이루어지고도 남 았다. 이젠 넘치는 사람들을 포용할 수 있는 큰 예배당도 곧 마련되길 간절히 기도한다"고 말한다.

작은 거인, 예배당이 작은 큰 교회. 이는 광염교회 사람들이 지난 10년 동안 가꾸어온 이미지다.

조 목사가 이렇듯 사람이 남는 교회를 고집하는 데에는 이유가 있 다. 그는 교회 개척 당시 성지순례를 하면서 유럽의 텅빈 교회를 보고 큰 충격을 받았다. 유구한 역사와 아름다운 건물을 자랑하는 성당이 나 예배당이, 신도는 찾아보기 어렵고 관광지로 전락한 데 대해 서글

픈 마음을 가눌 길이 없었다. 아무리 훌륭한 건물을 지어 남겨놓아도 그것을 지킬 사람이 없으면 사상누각에 불과하다는 진리를 깨달은 것이다.

그때 조 목사는 자신이 떠난 뒤에 건물이 아닌 사람이 남는 목회를 하기로 마음을 정했다. 건물보다는 사람을 중시하는 이 목회 철학은 지난 10년 동안 흔들림 없이 광염교회를 지켜왔다. 그는 교인들에게 건물을 짓는 것도 필요하지만 시간이 걸리더라도 서두르지 말고 무리하지 말자고 설득한다. 조 목사는 그보다 지금 당장 해야 할 중요한 일들이 더 많다고 늘 말한다.

조 목사는 광염교회 설립 때 10대 비전을 제시했는데, 이것은 바로 건물이 아닌 사람을 중시하는 목회 철학을 구체화한 것이다. 다음은 광염교회의 10대 비전이다.

1. 세계에서 전도비를 가장 많이 지출하는 교회
2. 국내외에 100개 이상의 교회를 설립하는 교회
3. 100명 이상의 선교사를 지원하는 교회
4. 1천만 장 이상의 전도지를 전하는 교회
5. 우리나라에서 구제비를 가장 많이 지출하는 교회
6. 100명 이상의 고아와 과부의 생활비를 지원하는 교회
7. 1만 가정 이상을 천국의 모형으로 만드는 교회
8. 우리나라에서 예수님 닮은 인재를 가장 많이 양육하는 교회
9. 100명 이상의 목회자를 양성하는 교회
10. 100명 이상의 사회 각 분야 최고 지도자를 양성하는 교회

이와 같은 교회의 비전을 세우고 이를 실천하기 위해 노력하다 보니 셋방살이하는 것이 당연하게 느껴진다. 하지만 사람 위주의 목회 철학은 지식혁명시대에 더욱더 멋진 비전이라는 생각이 든다. 세계 초일류 기업들이 저마다 내세우는 '첫째도 사람, 둘째도 사람'이라는 구호는 광염교회의 비전과 너무도 흡사하다. 이것만 봐도 광염교회가 얼마나 앞서가는 교회인가를 실감하게 된다.

사람을 키우겠다는 비전은 곳곳에서 발견할 수 있다. 10주년 기념 예배의 준비 목록을 보아도 교회 건물을 키우겠다는 내용은 눈에 띄지 않는다. 오히려 10주년을 기념하기 위한 교회 개척을 역점 사업으로 정하고 김세열 부목사가 교회를 개척할 때 1억 원을 지원하기로 결의하였다. 그 밖에 전도·장학·선교·구제·봉사 활동에 지출의 우선순위를 두고 있다. 조 목사는 심령이 가난한 자는 복이 있다는 설교를 통해 '소유자의 삶과 관리자의 삶'을 비교하며 관리자로 살아갈 때 행복하다고 강조한다.

광염교회는 건물보다는 사람을 세우는 데 더 높은 가치를 두고 있기 때문에 '사람의, 사람에 의한, 사람을 위한 교회'라고 불려도 무리가 없다.

열다섯 명의 교역자 모두가 능력있고 존경받고 사랑받는 사람들이다. 조 목사는 하나같이 보물단지들이라고 자랑스러워한다. 교인들 역시 "그 담임목사에 그 교역자들"이라며 담임목사를 대하는 자세로 교역자들을 사랑하고 존경하고 있다. 일반적으로 담임목사와 부목사 또는 전도사의 관계를 명령과 복종의 수직적인 관계로 인식하는 경우가 많은데 광염교회는 군기가 빠져 있다는 느낌을 줄 정도로 자유분방한 분위기가 숨쉬고 있다.

교인들 또한 각 기관의 책임자와 구성원들이 꼭 있어야 할 자리에 서 있다. 사람을 소중하게 여기니 인재들이 모일 수밖에 없다.

이렇듯 사람을 대하는 것이 남다른 감자탕 교회는 항상 사랑과 칭찬과 감사로 충만하다.

세상의 광염 光鹽

사람 이름이 중요하듯이 교회 이름도 대단히 중요하다. '세계에서 가장 큰 교회'가 문을 닫았다고 해서 화제가 되었는데 알고 보니 교인의 수가 가장 많은 게 아니고 교회 이름이 그렇다고 해서 웃은 적이 있다. 교회 이름은 그 교회가 지향하는 바를 축약해놓은 것이라는 점에서 더 중요하다.

광염교회는 빛 '광(光)'과 소금 '염(鹽)' 자에서 알 수 있듯이 세상의 빛과 소금이 되겠다는 뜻이다. 사실 대단히 무겁고 버거운 이름이다. 세상의 빛과 소금을 담대하게 들고 나왔으니 '모 아니면 도'일 수밖에 없다. 문자 그대로 광염이 되어 칭송의 대상이 되거나 아니면 이름 값도 못하는 교회로 전락하거나 둘 중의 하나가 될 확률이 높기 때문이다. 이름에 강한 의미를 부여한 만큼 그에 따른 부담도 커지게 마련이다. 이 이름은 세상의 빛과 소금이 되라는 성경 구절에서 따온 것이다. 빛과 소금에 관한 얘기는 기독교인들뿐만 아니라 일반인들도 잘 아는 내용이다.

역사적으로 볼 때 기독교인은 우리나라에 기독교가 전해지는 과정에서부터 오늘날까지 빛과 소금의 역할을 감당해왔다. 120년 전에 이 땅에 들어온 기독교는 엄청난 탄압 속에서 많은 순교자를 낳았다. 일제 강점기의 참혹한 식민지 생활에서 기독교가 민족에게 심어준 비전과 소망은 해방을 맞이해서 나라를 다시 세우는 데 크게 기여했다. 1960년대 이후 한강의 기적을 이루는 경제성장 기간 동안 '할 수 있다'는 정신을 실천하는 과정에서 기독교는 빛의 역할을 충실하게 담당하였다. 동시에 고도 성장의 어두운 그늘을 걷어내고 치유하는 데도 기독교는 소금의 사명을 묵묵히 수행하였다.

광염교회는 기독교가 우리나라에 미친 역사성과 순수성을 계승하고 새로운 환경 변화에 적극적으로 대응하기 위해 빛과 소금의 사명을 공개적으로 감당하기로 작심한 교회이다. 기독교는 우리나라에서 양적으로나 질적으로 가장 영향력 있는 위치에 올라와 있다. 때문에 세상은 기독교인들에게 더 높은 기준과 역할을 요구하고 있다.

사실 모든 교회가 빛과 소금의 역할을 중요시하며 잘 감당하고 있다. 그러나 굳이 광염교회라는 이름을 붙인 이유는 삶의 자세를 늘 새롭게 하고 교회 활동과 신앙 생활의 우선 순위를 빛과 소금의 역할에 두겠다는 강한 의지를 나타내기 위함이다. 특히 광염교회는 교회 안에서의 빛과 소금이 아니라 세상의 빛과 소금이 되는 것에 최고의 가치를 두겠다는 자세를 가지고 있다.

교인들은 스스로를 '광염인'이라 부르며 자긍심을 가지고 있다. "광염인의 사역지는 세상이다"고 주장하는 근거도 바로 여기서 찾을 수 있다. 그들이 가는 곳마다 말과 행동으로 빛과 소금의 역할을 해야만 하고, 할 수 있다는 뜻이다. 더욱이 자발적으로 빛과 소금이 되어 행복하게 사는 모습을 세상 사람들에게 그대로 보여주기를 원한다. 남들에게 빛과 소금이 되라고 강요하지 않는다. 자기만 옳다고 주장하지도 않는다.

　광염교회 사람들은 자신들의 교회가 전도·구제·선교·장학 사업 등에서 남들에게 특이한 교회로 보이는 것을 부담스러워한다. 한국 교회가 빛과 소금의 역할을 하고 있고, 광염교회는 그 중의 하나일 뿐이라는 사실을 잘 알고 있기 때문이다. 광염과 관련해 조 목사가 한 말 중에 지금까지 가슴에 남아 있는 말이 있다.

　"우리의 사명은 어둠을 어둠이라고 말하는 것이 아니고, 썩은 것을 썩었다고 말하는 것도 아니다. 우리의 사명은 어둠 가운데 빛이 되는 것이고, 썩는 가운데서 소금이 되는 것이다. 어둠을 어둠이라고 말하며, 썩은 것을 썩었다고 말하는 것을 빛과 소금의 사명으로 오해하는 일은 없어야 한다."

디지털 교회

　　광염교회 사람들의 디지털 교회에 대한 자부심은 대단하다. 광염교회의 디지털 수준은 정보시대 선구자라는 말이 어울릴 정도로 시스템이나 활용면에서 남다르다. 얼마 전 김미향 집사는 새신자로 등록하자마자 홈페이지에 디지털 카메라로 찍은 자신의 가족 사진이 올라오는 것을 보고 깜짝 놀랐다. 교회에 등록한 지 몇 주가 지나도 서로 얼굴 익히기가 힘든데 새로운 교인이 등록할 때마다 사진을 바로 바로 올려주니 누가 누구인지 금방 알 수 있더라는 것이다.

　　나 자신도 등록한 지 몇 달 되지 않았는데 벌써 광염교회에 대한 책을 집필하고 있다. 교회에 오기 6개월 전부터 광염교회의 사이트에 수시로 들어와 교회에 관한 정보를 마음껏 접할 수 있었기 때문에 가능한 일이다.

　　디지털 시대의 핵심은 정보가 공유되는 데 있다. 광염교회는 오래 전부터 홈페이지를 활성화시켰기 때문에 많은 자료들이 축적되어 있다. 인터넷을 통한 선교 가능성을 내다본 교회에서는 일찌감치 인터넷 선교에 관심을 갖기 시작했다. 홈페이지란 말이 생소하던 시절부터 홈페이지를 운영하기 시작하여 교계 신문에 소개되기도 하였다.

　　담임목사와 몇몇 교역자들은 홈페이지 제작 프로그램을 타이핑하

듯이 다룰 줄 안다. 외부에서는 홈페이지 제작과 운영에 대단히 많은 비용이 드는 것으로 오해하기도 하지만 실상은 그렇지 않다. 월 50만 원 정도로 설교 동영상이 돌아가는 인터넷 방송국과 홈페이지가 운영된다면 누가 쉽게 믿으려 하겠는가. 이것이 가능한 것은 홈페이지나 인터넷 방송국이 온전히 교회의 자원봉사자들에 의해 운영되기 때문이다.

광염교회에서 일어난 모든 일들은 홈페이지에 기록으로 남는다. 담임목사 칼럼, 조 목사와 함께, 동영상 설교, 자유게시판, 칭찬합시다, 감사합니다, 합심기도방, 축복합니다, 광염인 칼럼 등이 인기 메뉴이다. 하루에도 1천여 명씩 드나들면서 글을 올리고 글 덧달기를 남기며 하나님이 주신 인터넷이라는 선물을 하나님이 기뻐하시는 목적으로 사용하고 있다. 지난 설에 가락동 시장에서 사랑의 과일 나누기를 할 때도 자원봉사자들이 가게에서 과일을 기증받아 오는 것을 디지털 카메라로 찍었다가 현장에 설치된 화면에 바로 올렸다.

교회의 홈페이지는 선교와 교인들의 교제의 장으로도 단단히 한몫하고 있다. 예배를 여러 번 나누어 드리는 탓에 교인들 사이의 교제가 부족해지기 쉬운데, 그런 문제가 홈페이지를 통해 해결된다. 글 하나가 올라오면 금세 조회 수가 100회를 돌파하고 덧달기가 10개 이상 붙는다. 사이버 공간 안에서도 교제가 충분히 이루어지는 것이다.

이처럼 광염교회의 모든 길은 홈페이지로 통한다. 홈페이지에 교회의 모든 활동이 시간별로 기록되어 있다. 한국 교회의 디지털 수준은 교회마다 천차만별이다. 광염교회는 교회의 디지털화 역시 한국 교회가 나아갈 중요한 방향이라고 생각한다.

인터넷 방송국장인 오영근 집사는 "우리 교회는 인터넷에 앞서가는 교회로부터는 배우고 아직 활성화되지 않은 교회에는 참고가 되기를 바란다"고 겸손해하면서도 "우리 교회의 디지털 수준은 정상급"이라고 자랑스러워한다.

디지털을 통해 교역자와 교인뿐만 아니라 교인 간의 대화도 더욱 진지해지고 친밀감을 주는 것을 느낀다. 광염교회의 자랑 가운데 '외광사모'가 있는데, 이는 '외부에서 광염교회를 사랑하는 사람들의 모임'을 줄인 말이다. 바로 홈페이지를 통해서 생겨난 자생적인 조직이다. 교인은 아니지만 인터넷을 통해 살펴본 광염교회를 동경하고 높이 평가하여 모인 사람들이다.

담임목사와 부교역자들은 말할 것도 없고, 교인들 역시 컴맹을 탈출하여 이 시대 문명의 이기인 인터넷을 활용한 신앙생활에 흠뻑 빠져들고 있는 것이다. 광염교회 인터넷 방송국과 홈페이지는 휴일과 쉬는 시간이 없다.

지혜로운 감동의 결단

2002년 3월 28일은 교회 설립 10주년이 되는 날이었다. 10주년인 만큼 10주년 기념준비위원회가 구성되어 나름대로 성대한 잔치를 계획하였다. 특히 전교인이 모여 함께 예배를 드릴 수 있는 널찍한 구민회관을 빌리기로 하였다. 준비가 착착 진행되고 있었는데, 조 목사가 구민회관 임대를 취소하고 교회에서 10주년 기념 예배를 형편에 맞게 드리기로 결심하였다고 발표하였다. 예상치 못한 담임목사의 결단은 많은 사람들에게 충격과 동시에 감동을 가져다주었고, 홈페이지의 덧달기를 통해 그런 마음들을 표현하였다. 여기에 조 목사가 홈페이지에 올린 글을 소개한다.

금년 3월 28일이면 교회 설립 10년이 되는 날입니다. 10주년이라 해서 뭐 특별한 의미가 있는 것은 아니지만 그래도 좀 의미 있는 시간을 가졌으면 좋겠다는 의견이 있어 진행된 일들이 있습니다. 노원 구민회관을 빌려 3월 27일 수요일 저녁에 10주년 감사 예배를 드리기로 하고 준비중에 있었습니다. 엉겹결에 시작된 일인데 계속 마음에 부담이 되었습니다. 함께 모일 장소가 없다는 것으로 노원 구민회관을 빌리는 것을 애써 자위해보지만 그렇게 쉽게 편한 마음으로 돌아서지는 않네요. 마음의 부담이 날이 가까워오면 올수록 더합니다. 하나는 그 자리를 채워야 한다는 부담감입니다. 하지만 이제껏 10년 동안 강제 동원하는 일은 하지 않았습니다. 자원하는 마음이 주는 그 자유 속에서의 환희를 누리며 살았습니다. 그런데 갑자기 10주년 감사 예배에 강제 동원할 생각을 하니 여간 마음이 불편한 게 아닙니다. 일관성을 유지하며 목회를 하고 싶은데······그렇다고 가만있자니 썰렁한 구민회관에서 성도들을 초라하게 만들 텐데, 그러면 안 될 것 같고······.

또 다른 부담은 10주년 감사 예배의 초점이 내게 맞추어지는 것입니다. 10주년을 준비하는 집사님이 올린 글을 보면 초점은 하나님보다 담임목사인 내게로 맞추어져 있는 것이 확연히 느껴졌습니다. 답글을 쓰면서 영광을 하나님께로 돌리지 않고 자신이 받아먹음으로써 충이 먹어 죽은 헤롯 이야기(사도행전 12:23)를 썼다가 너무 심한 표현인 것 같아 지웠습니다. 간곡한 표현으로 10주년의 스포트라이트를 담임목사가 아닌 하나님께 맞추어달라고 부탁드렸습니다.

어제 하나님과 말이 통하면 행복하다고 했지요? 오늘 하나님의 음성을 듣고 마음을 정했습니다. 이 일을 주관하고 있는 예배부장 전영석 집사님께 전화를 드렸습니다. 밤 11시임을 확인하고도 전화를 드렸습니다. 내 마음을 솔직히 말씀드리고 도움을 요청했습니다. 감사한 일입니다. 하나님께서 이미 전영석 집사님 마음도 만져놓으셨더군요. 흡수하는 땅이 되어 내 청을 받아주셨습니다. 섭섭해하실까 염려했는데 오히려 내게 힘과 용기를 주셨습니다.

여지껏 해왔던 우리 식대로 교회 설립 10주년을 맞기로 했습니다. 교회 설립 기념일이 될 때면 우리는 일부러 저 시골에서 목회하는 목사님을 강사로 초청해 말씀을 들었습니다. 그리고 그 목회자에게 조금은 넉넉한 사례비를 드리며 우리 교회를 부흥시켜주신 주님께 감사를 드렸습니다. 강원도 산골에서 목회하시는 목사님이 영양란이라며 계란 한 꾸러미를 갖고 오셔서 교회 설립 축하 선물로 주고 가기도 했습니다. 우리 교회가 설립될 때 도움을 주셨던 교회 목사님을 초청해 감사의 마음을 전하면서 선물을 드리기도 했습니다. 교회 설립 기념 예배니 꼭 참석해달라는 광고도 한 적이 없습니다. 이게 우리식 교회 설립 감사 예배였습니다.

10주년도 그렇게 하렵니다. 노원 구민회관 대관을 취소하고 예배를 우리 예배당에서 드리겠습니다. 3월 27일 수요 예배를 10주년 감사예배로 3층 예배당에서 드립니다. 그리고 지금 준비하고 있는 뮤지컬 〈가스펠〉은 3월 28일 목요일 저녁에 예배당에서 공연하도록 하겠습니다. 그리고 나를 위해 준비했던 순서들은 모두 생략하도록 합니다. 여러분들이 사랑하는 마음으로 따뜻한 손을 내밀어 한 번 잡아주시는 것만으로도 충분합니다. 그날은 오직 하나님께만 영광이 돌아가는 복된 날이 될 것입니다.

성가대에서 하나님께 연합해서 찬양을 드리는 것은 아름다운 일일 것 같습니다. 우리에게 교회를 주시고 오늘까지 교회를 붙잡아주신 우리 주님께 큰 영광이 되는 찬양을 드립시다. 그 외에 어떤 순서를 추가하는 것은 해당 부서 교역자들을 통해 추후 한 번 의논해보도록 하겠습니다.

이렇게 갈 길을 정하고 나니 마음이 날아갈 것 같습니다. 요즘 하나님은 내 마음의 부담을 완전히 덜어내시기로 작정을 하셨나 봅니다. 기념 예배 준비가 꽤 많이 진척되었음에도 목사의 마음을 이해하고 기꺼이 방향을 돌려주신 준비위원 여러분들에게 미안함과 고마움을 전합니다. 어제 하나님과 말이 통하면 행복하다는 설교를 하고 다음날 이런 행복을 누리게 되어 너무 기쁩니다. 감사합니다. 사랑합니다.

　―담임목사 조현삼 드림

이 글을 통해 광염교회 사람들이 왜 그를 사랑하고 존경하는지 그 이유를 이해할 수 있다. 대부분의 교인들은 넓은 장소를 빌려서 행사를 치르는 데 큰 문제의식을 갖고 있지 않았다. 오히려 그것을 당연한 것으로 받아들이고 있었다. 그런데 조 목사는 근심 속에서 기도하는 가운데 더 좋은 결단을 내려 사람들을 행복하고, 자랑스럽게 만들었다.

　교인들은 담임목사가 주는 이와 같은 감동의 선물을 자주 접하게 된다. 광염의 뉴스는 한마디로 살아 움직이는 감동의 드라마다. 어떤 면에서는 예측이 불가능하다. 얼마 전에 조 목사가 인터넷 방송국 홈페이지에 쏘아올린 또 한 편의 드라마같은 뉴스를 소개한다.

　지난주 금요일 한 여집사가 전 재산을 교회에 기증하겠다고 담임목사를 찾아왔다. 그녀는 남편을 하늘나라에 보내고 혼자 살면서 평소 하나님께 전 재산을 드리기로 서원했던 차에, 수년 전에 사놓은 상가의 등기 권리증을 가지고 왔던 것이다. 상가는 싯가 7천만 원에서 1억 원 정도 하는데, 현재 보증금 2500만 원에 월세 50만 원을 받고 있다. 이 보증금으로 전셋방을 얻었는데 이 돈마저 하나님께 함께 바치겠다고 했다. 아무리 어려워도 그 상가는 절대 손댈 수 없다는 생각에 고민을 수없이 하다가 '하나님께서 주신 재산을 하나님께 돌려드리자'고 결심하고 곧바로 교회를 찾아온 것이다.

담임목사는 관련 부서장들과 의논한 결과, 일단 받아서 곧바로 집행하기로 했다. 집행 대상은 바로 헌금한 그 여집사였다. 어렵게 살아가고 있는 여집사에게 하나님이 주시는 선물로 전달하기로 결정한 것이다. 조 목사는 여집사를 불러 다음과 같이 얘기해주었다.

"집사님, 집사님이 하나님께 드린 이 전 재산을 교회는 받기로 했습니다."

여집사는 고개를 숙이며 감사하다고 했다.

"그리고 집사님, 우리 교회는 잔고 100만 원만 남기고 다 집행하는 거 아시죠?"

"이 몇천만 원을 쌓아두지 않고 오늘 이 자리에서 집행하기로 결정을 했습니다. 이것을 집사님께 하나님이 주는 선물로 전해드리기로 했습니다."

순간 여집사는 눈이 휘둥그레졌다.

"집사님, 교회는 분명 집사님의 전 재산을 받았습니다. 집사님이 하나님께 드리기로 했다는 그 상가는 이미 하나님이 받으셨습니다. 이제 이 상가는 어제의 상가가 아닙니다."

조 목사는 흥분을 감추지 못한 채 계속해서 설명해나갔다.

"어제의 상가는 하나님께 드리기로 약속을 하고 그 약속을 갚지 못하고 집사님이 차지하고 있던 상가였지요. 그러나 오늘 이후 이 상가는 하나님께서 광염교회를 통해 집사님께 주신 선물입니다."

조 목사는 여기다 단서 하나를 덧붙였다.

"이 상가는 집사님 가정을 위해 사용해야 합니다. 상가에서 나오는 월세는 집사님의 생활비가 되어야 하고, 필요하면 팔아서 아이들 결혼 시키는 데도 쓰셔야 합니다. 하나님께 드리려다 되돌려받은 상가가 아닙니다."

교회의 자산관리 부장이 등기 권리증과 전세 계약서를 담은 교회 봉투를 집사에게 다시 전달해주었다. 모여 있던 사람들이 일제히 큰 박수로 하나님이 주신 선물을 받은 집사에게 축복과 격려를 보냈다. 조 목사는 마지막으로 집사에게 마음과 뜻과 정성을 다하여 축복기도를 해주었다.

이 뉴스가 인터넷 방송국을 통해 흘러나갔을 때 시청자들의 반응은 감동 그 자체였다. 교인들은 또 한번 그의 지혜로운 결단에 감탄했다.

사랑과 감사가 넘치는 광염교회 사람들

광염교회 사람들이 만나고 헤어지는 장면은 젊은 시절 연애하던 모습을 연상시킨다. "사랑합니다. 감사합니다"란 말은 기본이다. "존경합니다. 훌륭하십니다. 행복하세요"란 말도 빠짐없이 등장한다. 만나면 할 얘기가 봇물 터지듯이 흘러나온다. 예배가 끝난 후에 교회 앞 도로변에 모여 이런저런 얘기를 나눈다. 김형규 장로는 이런 모습을 '20분 부흥회'라고 부른다. 서로에게 악수하고 포옹하며 사랑을 확인하느라 길거리에서 보내는 시간이 20분 정도 걸리기 때문이다.

구역 예배 때 교회 이야기로 자정을 넘기는 경우도 많다. 어떤 사람은 서울에서 부산까지 가면서 옆사람과 교회 얘기와 교회 자랑에 열을 올리다 보니 어느새 목적지에 도착해 있더란다. 다섯 시간 정도를 교회 소식을 전하면서 간 셈이다. 심지어 밤 새워 며칠을 얘기해도 끝이 없을 만큼 광염교회 사람들은 교회에 대한 얘깃거리들을 가슴에 가득 담고 다닌다.

무슨 얘기길래 그토록 재미있을까. 다름 아닌 교회를 칭찬하는 얘기들이다. 교회 문화가 사람을 소중하게 여기다 보니 칭찬하는 문화가 보편화되어 있다. 문제를 덮고 감추기 위해 일부러 가식적으로 칭찬하는 게 아니다. 고난과 고통마저도 하나님의 숨겨진 축복으로 받아들일 만큼 신앙이 성숙했기 때문에 서로에 대한 감사와 칭찬이 가능한 것이다.

모였다 하면 모든 사람들의 훌륭한 점에 대한 칭찬이 그치지를 않는다. 신앙생활 중에 변화된 이야기, 봉사활동에서 오는 기쁨 등 말을 꺼냈다 하면 서로 칭찬하고 아껴주는 분위기다. 그래서 불평 불만의 소리는 좀처럼 듣기 어렵다.

내가 처음 이 교회에 관심을 가지게 된 것도 김귀식 집사의 담임목사에 대한 칭찬 때문이었다. 2001년 6월 어느 날 김 집사와 점심식사를 하는데 두 시간 내내 자기 교회와 목사에 대해 칭찬하는 모습을 보고 깜짝 놀랐다. 며칠 후 다른 집사들과 저녁식사를 하게 되었는데, 밤 7시부터 새벽 2시까지 일곱 시간 동안 교회에 대한 칭찬으로 시간 가는 줄을 몰랐다. 이때 남을 칭찬하면서 밤을 새울 수도 있구나 하는 희한한 경험을 난생 처음 하게 되었다.

광염교회에서는 복음의 기적이 일어나고 있다. 교회를 통해 세상을 이기는 법을 체득하고 있는 것이다. 사람들은 사슴이 시냇가를 그리워하듯이 주일 예배 시간이 기다려진다고 한다. 주일 저녁 예배, 수요 저녁 예배, 목요일 구역 예배, 금요 심야 기도회 등 예배를 통하여 세상을 살아갈 힘을 얻는 사람들이 많다. 물리적으로 만나는 게 어려우면 인터넷을 통해 만난다. 교회 홈페이지를 접속하여 연애편지 주고받듯 글을 올리고 덧달기를 함으로써 대화를 나누는 것이다. 직접 만날 때는 얼굴을 보며 아날로그 방식으로 즐거워하고 헤어진 다음에는 디지털 방식으로 서로를 그리워하며 사랑과 관심을 표현한다. 아날로그와 디지털 방식이 결합된 것이 광염교회 사람들이 만나고 헤어지는 모습이다.

교회에서 가장 일이 많은 식당에서도 교인들의 사랑과 감사를 엿볼 수 있다. 감자탕 건물의 5층 입구에 붙어 있는 식당은 두세 평밖에 안

되는 좁은 공간이다. 말이 식당이지 사실은 주방만 있을 뿐 초등부와 노년부가 사용하는 예배당을 식사 시간에 잠깐 빌려쓰고 있는 형편이다. 장소가 좁은 것은 물론이고 주방 시설 또한 변변치 못하다. 그럼에도 불구하고 주일날이면 어김없이 400여 명의 맛있는 식사가 준비된다.

식당 사정이 이러하니, 식당 봉사 대원들은 '전쟁을 치른다'는 독한 마음으로 식사를 준비한다. 6명 정도의 봉사 대원들이 주일날 2부 예배를 마친 오전 10시 반부터 오후 3시 반까지 다섯 시간 동안 음식을 장만한다. 이렇게 눈코 뜰 새 없이 식당 일을 하고 나면 2, 3일 정도는 앓아눕는다니 그들의 노고가 감사할 따름이다.

봉사 부장인 신성자 권사는 "힘은 들지만 교회에서 누리는 행복과 기쁨이 너무 많기 때문에 감사하는 마음으로 봉사한다"고 말한다. 신 권사는 땀방울을 흘리면서도 함께 일하는 봉사 대원들이 자랑스럽고 감사하다며 공을 그들에게 돌린다. 얼마 전에 교회에서 8만 4천 원짜리 전기 프라이팬 3개를 사주었는데 봉사 대원들이 그렇게 감격할 수가 없었다. 그 동안 재래식 프라이팬을 사용하면서 불편함이 이루 말할 수 없었으나 교회 돈을 조금이라도 아껴 좋은 일에 써야 한다는 일념으로 참고 견뎠던 것이다.

이들에게는 교우들의 진심 어린 한 마디가 큰 위로와 격려가 된다. 박현국 집사가 "권사님 그리고 집사님, 오늘 점심은 4·19 이후 제가 먹은 음식 중에서 가장 맛이 있었어요. 감사합니다"라고 말할 때 그들은 무한한 보람을 느낀다. 사랑이 넘치는 감사의 말 한 마디가 그들의 육체적인 괴로움을 순식간에 날려보내고 마는 것이다.

식당에서 일어나는 감사와 봉사 정신은 교역자들의 마음에도 그대로 전달된다. 얼마 전 저녁 예배 준비를 위해 교역자들이 시간을 아끼려고 김밥 집에서 김밥을 사먹은 적이 있다. 1200원짜리 보통 김밥 대신 800원이나 더 비싼 치즈 김밥을 시켜 먹는 바람에 담임목사에게 꾸중을 들었다. 일명 '치즈 김밥 사건'이다.

조 목사는 "식당 주방에서 프라이팬 사는 돈이 아까워 몇 년을 기다리면서 절약하며 봉사하는 성도님들을 생각할 때 교역자가 솔선수범해서 근검, 절약하는 모습을 보이지 않으면 안 된다"고 따끔하게 충고했다. 그 뒤로는 치즈 들어가는 것은 아예 먹을 생각을 하지 않는다. 모두가 "교회 돈은 하나님이 지켜보시기 때문에 가장 효율적으로 투명하게 집행해야 한다"고 강조하는 조 목사의 마음을 기꺼이 받아들인다. 광염교회는 '마른 걸레도 다시 짠다'는 자세로 아낄 때는 아끼고 필요할 때는 몇천만 원도 흔쾌히 지출한다.

힘든 곳에서 봉사하는 사람들과 교역자들을 본받아 모든 사람들이 감사하는 마음이 체질화되어 있다. 누구를 만나든 얼굴에서 감사의 빛이 감돈다. 그들에게 감사는 호흡하는 것처럼 자연스런 일이다.

좁은 문에 서 있는 사람들

천국과 지옥에 대한 재미있는 예화가 있다. 천국과 지옥의 차이는 숟가락을 가지고 식사하는 모습에서 찾을 수 있다고 한다. 지옥에서는 좁은 공간에 많은 사람들이 모여 자기 숟가락으로 식사를 하려고 하니 아비규환이 일어난다. 반면에 천국에서는 서로 긴 숟가락을 이용하여 상대방을 떠먹여주기 때문에 질서 속에서 행복한 식사를 할 수 있다는 얘기다.

광염교회는 몇 개의 상가 건물에 예배당과 사무실이 다섯 군데로 나뉘어 있어 평소에도 여간 불편하지 않다. 좁은 공간에서 비까지 퍼부으면 아수라장이 될 법도 하다. 그러나 광염교회 사람들은 비가 오나 눈이 오나 한결같이 천국의 모습을 보여주고 있다.

무엇보다 별도의 교회 주차장이 없다. 상가 건물 옆에 열 대 정도 차를 세우면 그만이다. 그것도 다른 임대자들과 공동으로 말이다. 때문에 건물 앞 도로 변의 빈 공간들을 주차장으로 사용하지 않으면 안 된다. 사정이 이렇다 보니 주차요원들의 고민과 수고가 이만저만이 아니다. 그래서 교인들은 일차적으로 부득이한 경우가 아니면 걸어서 오거나 대중교통을 이용하는 데 익숙해 있다. 차를 가져오는 경우는 주차요원의 지시에 순종하며 따라준다. 비가 오는 날에도 주차요원들은 변함없이 웃으며 주차관리에 헌신한다. 동네 사람들 역시 그런 불편함을 잘 참아준다. 교회가 동네 사람들로부터 인정을 받고 있기 때문이다.

주일 예배를 5부로 드리는 탓에 예배 시간의 간격이 짧아 계단에서 기다리는 시간이 짧지 않다. 특히 가장 많은 사람들이 예배를 보는 4부 예배 시간이 그렇다. 앞 시간에 예배를 본 사람들이 빠져나가기를 기다리면서 1층 입구에서부터 3층 예배당까지 길게 늘어서 있는 사람들의 모습을 보면 그토록 인자하고 편안해보일 수가 없다. 교회에 들어가기 위해 10분 이상씩 줄을 서서 기다리는 동안 불평 한 마디 없이 앞뒤에 있는 사람과 인사하고 안부를 물으며 다정하게 서 있는 모습이 한 폭의 그림처럼 아름답게 보인다. 외부 환경에 대한 불평과 불만을 뒤로 하고 자칫 무질서와 불평으로 치달을 수 있는 상황에서 스스로 선택한 불편을 자랑스럽게 여기며 교인들은 오히려 감사하고 있다.

예배가 끝나고 나오는 사람들도 마찬가지다. 70평 예배당에 한 번에 300여 명이 들어차면 그야말로 입추의 여지가 없다. 정말 몸을 움직일 틈도 없다. 예배 시간에 조금만 늦게 오면 자리가 보이지 않는다. 짐짝처럼 어깨를 맞대고 예배를 드릴 수밖에 없다. 그러나 비좁은 공간이 그들의 사랑을 더욱 돈독히 해주는지도 모른다.

광염교회 사람들은 이제 어디를 가나 서서 기다리는 데 익숙해 있다. 식당도 예외가 아니다. 식사를 하기 위해서도 10분 이상 줄을 서서 기다려야 한다. 서 있는 와중에서도 바쁜 사람, 새로 온 신자가 있으면 먼저 식사하라고 양보한다. 식사를 기다리면서 또 교제를 나눈다. 무질서를 질서로, 기다림의 시간을 교제의 시간으로 활용하는 광염교회 사람들은 칭찬을 받을 만하다. 이렇게 단련되었기에 불편함을 참고 견디는 데

이골이 나 있다. 광염교회 사람들의 무한하고 창조적인 에너지의 근원은 열악한 환경을 뛰어넘어 사랑을 실천하는 데에서 찾을 수 있다.

광염교회 사람들은 기쁨으로 좁은 문을 택한 사람들이다. 누군가 "광염교회 사람들은 예배당 문 자체가 좁으니 좁은 문으로 들어갈 수밖에 없으므로 천국 시민에 합당한 필요조건을 갖춘 게 아니냐"고 웃으며 말한 적이 있다. 게다가 서로 아끼고 불편함을 감수하여 사랑을 베풀고 있으니 더욱 위대해 보인다.

사실 요즈음 교인들의 중요한 기도 제목의 하나가 '지경을 넓히는 일'이다. 불어나는 사람들을 수용할 수 있는 최소한의 공간 확보를 위해 간절히 기도하고 있다. 하지만 여기에 대한 조 목사의 응답은 한결같다. 지금 우리에게는 그 일보다 더 중요한 일들이 많다는 것이다. 그건 하나님이 알아서 해주실 거라고 한다. 좁은 문을 통과한 사람들, 협소한 공간도 사랑하는 사람들. 하나님의 검색대를 통과한 광염교회 사람들이기에 하나님이 기뻐하시는 일을 지체없이 행동으로 옮길 수 있다. 구제·선교·전도에 앞장서는 열정과 동력이 여기서 나오는 것이다.

장벽을 허문 교회

광염교회는 사람들 마음에 자리잡은 장벽을 없애거나 낮추기 위해 노력하고 있다.

첫째, 세상이 쳐놓은 경쟁의 장벽을 걷어내었다. 교회는 세상의 모진 풍파에 찌든 삶의 여진을 털어내고 영혼을 재충전하는 곳이다. 그래서 세상의 방식을 거부한다. 세상에서 살기가 힘든 것은 온통 경쟁 논리가 지배하는 데 그 원인이 있다. 조 목사가 목회 철학의 중심으로 삼은 것도 바로 경쟁의 장벽을 없애는 데에서 출발하였다. 무엇보다 먼저 교역자끼리 경쟁을 시키지 않는다. 동시에 교인 간의 경쟁도 배제한다. 심지어 작년에 세운 실적과도 경쟁하지 않는다는 경쟁체제 타파의 신념이 사랑이 넘치는 교회를 세운 비결이 되었다.

좀더 구체적으로 말하면 교역자를 세상 사람들이 말하는 숫자를 기준으로 삼아 비교하지 않는다. 숫자로 평가하기 시작하면 이미 경쟁체제가 가동되고 동역자가 경쟁관계로 돌아섬으로써 서로 사랑하는 마음이 줄어들기 때문이다. 경쟁을 배제하면 일시적으로는 효율성이 떨어질지 모르지만, 장기적으로는 절대적인 신뢰를 바탕으로 한 놀라운 생산성을 기대할 수 있다. 또한 교인들 간에도 전도, 헌금, 출석 등을 가지고 경쟁하지 않는다. 주보에 십일조, 감사헌금 등의 명단이 없는 것도 이러한 경쟁의식을 배제하기 위해서이다.

교인들이 서로 칭찬하고 감사하는 것도 바로 경쟁하지 않고 사랑하기 때문에 가능한 것이다. 경쟁이 없기 때문에 피곤하지 않고 행복하다. 하나님의 자녀인 우리는 행복할 권리가 있다. 광염교회 사람들은 누구나 교회에 오면 편안함을 느낀다. 교회는 예수님께서 "수고하고 무거운 짐진 자들아. 다 내게로 오라. 내가 너희를 쉬게 하리라"고 하신 말씀의 참 뜻을 확인하고 실천하는 곳이다.

둘째, 가난한 사람에게 장벽이 없다. 광염교회에서는 세상의 기준인 돈, 권력, 학력이 거의 통하지 않는다. 오히려 가난한 사람을 위한 설교나 행사가 많은 편이다. 조 목사는 "가난이야말로 하나님이 주신 최고의 가정교사"라고 말한다. 가난과 환난 가운데 있는 사람들에게 요셉의 생애가 곧 자신의 삶이라는 굳건한 믿음을 심어주고 있다.

셋째, 고아와 과부에게 장벽이 없다. 예수님은 고아와 과부에 대해 특별한 사랑을 보여주셨다. 고아와 과부는 외로운 사람들이다. 가족의 구성원 중 일부가 빠져 있기 때문이다. 광염교회는 가능한 한 이들을 위한 공식적인 행사는 자제한다. 행사 자체가 그들에게 또 다른 상처를 줄 수 있기 때문이다. 대신에 각별한 관심과 실질적인 도움을 주기 위해 노력한다.

얼마 전에 등록한 한 집사는 남편과 사별하고 절망 속에 지내고 있었다. 그러던 중에 담임목사와 심방대원들이 찾아와 세 시간 동안이나 머물면서 주택문제, 자녀교육문제 등 현재의 가정 형편을 소상히 파악한 후, 필요한 것들을 직접 챙겨주는 바람에 감격의 눈물을 흘렸다고 한다. 그녀는 "정말 말로만 듣던 사랑을 체험한 후 큰 위로를 받고 교회에 다니는 보람을 느꼈다"고 말한다.

넷째, 새신자에게 장벽이 없다. 어느 조직이나 텃세라는 게 있게 마련이다. 그런데 광염교회에는 새신자에 대한 텃세가 없다. 오래된 사람들은 사랑으로 새신자를 환영하고 적응하도록 도와준다. 교회가 전문성을 중시하는 분위기여서 파격적으로 직분을 맡기는 경우도 있다. 등록한 지 일주일 만에 직분을 맡은 새신자도 있지만 고참들이 시기하거나 질투하지 않고 오히려 환영하고 감사한다.

다섯째, 외국인에게도 장벽이 없다. 현재 우리나라에는 30만 명이 넘는 외국인 근로자들이 들어와 주로 3D 업종에 종사하고 있다. 대부분은 불법근로자들이다. 교회에서는 외국인부를 운영하며 영어 예배도 드리고 있다. 필리핀 근로자 30여 명이 출석하고 있는데, 교회에서는 이들을 위해 단독주택 한 채를 임대했다. 이 집은 사랑의 집 2호, 미션하우스로 불린다. 여기엔 10여 명의 외국인 노동자들이 함께 생활하고 있다.

여섯째, 노인에게 장벽이 없다. 고령화 사회가 진전되면서 노인문제는 심각한 사회문제로 등장하고 있다. 교회에서는 노인들을 백발의 면류관으로 대우하고 있다. 노년부 예배를 독립적으로 드리면서 주일이면 정성껏 점심식사를 대접하고 매주 정성을 담은 물질로 어르신들을 공경한다.

일곱째, 어려움을 당한 이웃에게 장벽이 없다. 광염교회에서는 어려움을 당한 이웃에게 긴급 출동하기 위해 예수봉사단을 조직하여 운영하고 있다. 재난이 발생한 곳은 어디든지 달려간다. 삼풍백화점 붕괴 현장, 가뭄으로 고생하는 지역, 수해를 입은 지역 등 물불을 가리지 않고 도움의 손길이 필요한 곳을 찾아나서는 사람들이다. 평소에는 사랑의 과일 나누기나 장애우와 함께 떠나는 가을여행 등을 통해 어려운 이웃들과 함께 한다.

　끝으로 홈페이지에도 장벽이 없다. 누구든지 하고 싶은 얘기를 올릴 수 있다. 목사에게 바라는 게 있으면 '조 목사와 함께' 방에 글을 올리면 된다. 알리고 싶은 것은 게시판에 올리고, 칭찬, 감사, 축복, 축하할 일들 역시 각 방을 통해 올리면 된다. 사람들이 목사와 직통전화 하듯이 만날 수 있는 곳이 바로 홈페이지이다. 인터넷은 장벽이 없는 교회, 누구에게나 활짝 열린 교회를 만드는 데 약방의 감초 역할을 단단히 해내고 있다.

기적을 만드는 교회

"고창용 형제를 살려주세요."

광염교회와 이랜드를 뒤덮고 있는 기도 제목이다. 고창용 집사.
2002년 3월 현재 나이 39세. 이랜드 계열의 푸마 사업본부장, 광염교회
청년2부장, 세 딸의 아버지. 더 정확하게 말하면 임신 3개월 된 태아가
있으니 네 자녀의 아버지가 된다. 그런 그가 돌연 뇌종양 선고를 받고,
수술한 후 11개월이라는 시한부 인생을 살고 있다. 세상에 하나님이
살아 계시다면 어찌 이런 일이 있을 수 있을까. 슬픔과 비통함에 휩싸
인 교인들은 어떤 위로의 말도 찾을 수가 없었다.

암환자에게 직접 병명을 말하기 꺼리는 경향이 있지만 조 목사는 사
실대로 알려주었다. 밑바닥까지 내려가고 나면 더 이상 내려갈 곳도
없다고 확신했기 때문이다. 그리고 함께 하나님께 적극적으로 매달려
기적을 창출하자고 했다.

"사랑하는 고창용 집사, 고 집사 11개월밖에 못산대……."

"……."

한참 후, 조 목사는 조심스레 물었다.

"지금 마음이 어때?"

"행복하지요."

그는 눈 하나 깜짝하지 않고 너무나 담대하게 대답했다. 마치 "어떠한 상황이 닥치더라도 당황하지 않고 하나님 뜻이라면 무슨 일이든 따르겠다"는 대사를 밥 먹듯이 연습한 연극배우처럼 태연했다. 오히려 당황한 것은 조 목사였다. 병원 로비에 내려와 위로 예배를 드리는데 사람들은 눈물이 앞을 가려 찬송을 할 수가 없었다. 그런데 고 집사는 자신이 선곡한 "이 눈에 아무 증거 아니 보여도, 믿음만을 가지고서 늘 걸으며, 이 귀에 아무 소리 아니 들려도, 하나님의 약속 위에 서리라"는 찬송을 큰 소리로 불렀다.

조 목사는 이때 믿음의 대장부를 보았다. 사망선고를 받은 암환자가 이토록 마음의 평정을 유지할 수 있다니, 이거야말로 기적이라는 생각이 들었다. 며칠 후 이런 대장부의 믿음은 아내에게도 그대로 전달되었다. 아내 역시 고 집사가 수술받던 날 대기실에서 "사랑하는 남편이 최악의 상황을 맞는다 할지라도 그후에는 하나님이 나와 우리 아이들을 위한 준비를 해놓으셨을 것이라고 믿기에 걱정하지 않는다"고 말했다고 한다.

암을 기도로 완치하는 것은 기적이다. 그러나 암 소식을 듣고도 슬퍼하거나 원망하지 않고 하나님의 뜻으로 담대하게 수용하는 자세 또한 기적이 아닐 수 없다. 그의 이러한 자세는 회사에 대한 입장에서도 그대로 나타났다.

39세의 젊은 나이에 쓰러졌으니 회사를 상대로 과로라는 산재 소송을 낼 법도 하다. 하지만 그는 누구도 원망하지 않고, 그저 현실을 받아들였다. 자기를 지금까지 키워준 회사를 감사하게 생각했다. 그의 감사는 또 다른 기적을 낳았다. 그는 청년2부 부장으로서 청년들에게 헌신과 사랑, 비전을 보여주었다. 청년부에서는 소식을 듣고 즉시 고창용 집사를 위한 홈페이지를 만들었다. 그의 동정은 인터넷을 통해 실시간으로 중계되었다. 기도하는 모습, 수술실로 들어가는 장면, 중환자실에서의 상태, 병실로 돌아온 후의 모습 등을 디지털 카메라로 찍어 홈페이지에 올려주었다. 그가 주일날 저녁 예배에서 찬양하던 모습도 4부작으로 동영상으로 만들어 올려놓았다. 후원금 계좌도 만들었는데, 불과 며칠 만에 6천만 원이 넘게 모금되었다.

기적은 계속 이어졌다. 하루에도 천 명 이상이 홈페이지를 다녀가면서 쾌유를 위해 기도하고 있다. 릴레이 금식기도가 진행중이고 수술하는 날에는 스무 명 이상이 금식기도를 했다. 이랜드에서는 치료비 전액을 부담하고 만약의 경우 자녀들의 교육까지도 책임지겠다고 약속했다.

조 목사는 환자 자신과 가족들의 확고한 신앙을 확인하며 홈페이지 제목을 '살려달라' 는 소극적인 문구보다 적극적이고 긍정적인 마음을 담은 문구로 바꾸자고 제안했다. 그래서 '기뻐하며, 기도하며, 감사하는 고창용 형제의 투병 축제' 로 바뀌었다. 나아가 고 집사가 퇴원하면 그에게 "지금 죽을 것인가, 살다 죽을 것인가"를 선택하라고 말하겠다고 했다. 그의 말뜻은 죽을 날을 생각하며 오늘을 살면 살아 있어도 이미 죽은 것이나 마찬가지다. 그러니 미래는 하나님께 맡기고 오늘은 행복을 누리라는 것이다.

이런 기적이 나오는 원천이 어디에 있을까. 바로 예수 그리스도의 사랑이다. 교회는 이 사랑이 경험되는 곳이다. 조 목사가 늘 강조하는 하나님이 기뻐하는 신앙생활, 이 땅에서도 천국을 경험해야 한다는 신념, 교회는 사랑이 숨쉬는 곳, 가난과 고난은 하나님이 주신 위장된 축복이라는 말씀 등이 모든 사람들에게 생활화되어 고난의 순간에 빛을 발해 고창용 집사 같은 믿음의 전사들이 탄생할 수 있는 것이다.

조 목사는 아내인 장주연 집사에게 힘들고 어려운 투병 과정을 매일 글로 쓸 수 있도록 '장주연의 간병일기' 라는 제목으로 홈페이지에 방을 만들어주었다. 그러면서 고통과 기쁨을 함께 나누자고 했다. 눈물어린 기도와 역경 속에서도 하나님께 감사하는 그녀의 글은 매일 400명이 넘는 사람들이 읽으며 감동을 나눈다.

2002년 크리스마스를 앞두고 올린 일기를 보면 남편이 육신적으로는 회복될 기미가 없지만 하나님에 대한 굳은 믿음을 가지고 모두의 사랑에 감사하는 아름다운 모습을 느낄 수 있다.

남편이 병원에 들어갔던 3월부터 지금까지 기도를 요청하는 마음으로 간병일기를 써왔습니다. 일기나 가계부도 제대로 쓰지 못하면서 거의 매일 이렇게 쓸 수 있게 해주신 하나님께 감사드립니다. 제두 손으로 자판을 두드렸지만 마음과 생각을 이끌어주신 하나님께 감사드립니다. 남편을 사랑하시는 하나님께서 저를 도구로 남편을 위한 기도를 모으신 것 같습니다. 이 아이디어를 내시어 상상할 수 없는 기도와 도움을 받게 해주신 목사님께 감사합니다. 매주 변함없는 사랑으로 안수기도해 주시고 현실적으로도 방향을 잃지 않도록 조언해주시면서 길 잃은 양이 될까 아버지의 심정으로 바라보시는 목사님의 따뜻한 사랑에 진심으로 감사의 마음을 전합니다.

하나님께서는 아무런 응답도 하지 않으시는 듯 남편의 상태는 점점 나빠져갔고 나는 외로움과 두려움으로 눈물을 흘리며 글을 쓰기도 했습니다. 너무 피곤해 졸다가 컴퓨터 앞에서 잠이 들기도 했습니다. 덧달기해주신 분들의 격려에 눈물 흘리며 감사 기도를 드리기도 했습니다. 상황은 절망적이었지만 하나님께서는 결코 절망하도록 버려두지 않으셨습니다.

아침마다 시간을 내시어 예배를 드려주신 전도사님께도 감사드립니다. 6월부터 거의 반년 동안 매일 눈물로 남편과 저를 가슴에 품고 기도하시면서 말씀으로 영의 양식을 먹여주셨기에 하루하루 승리할 수 있었습니다. 같이 기도해주신 집사님들께도 많은 사랑의 빚을 졌습니다.

하나님께서 돕지 않으셨다면 남편과 함께 투병 축제를 어떻게 헤쳐나왔을까 도저히 상상이 되지 않습니다. 비록 글은 제가 썼고 남편은 수많은 중보기도와 사랑을 받았지만 이 모든 것을 행하신 분은 바로 하나님이십니다. 하나님께서 허락하시고, 인도하셨고, 믿음을 주셨기 때문에 남편과 저는 지난 10개월간 소망을 잃지 않고 하나님을 바라볼 수 있었습니다. 이제 이 투병 축제가 거의 끝나감을 느낍니다.

고창용 집사에게 어떤 결과가 오든 모두들 이미 기적은 일어났다고 믿고 있다. 하나님을 믿는 사람은 살아도 하나님의 은혜요, 죽어도 하나님의 은혜라고 믿고 있기 때문이다. 목사와 성도들은 환자에게 줄 수 있는 최대한의 사랑을 전하고 투병 축제의 조연이 되기를 자원해왔다. 고창용, 장주연 부부의 하나님에 대한 철저한 믿음, 담임목사와 교역자들의 헌신적인 사랑, 성도들의 뜨거운 기도가 보여주는 사랑의 파노라마, 이것 자체가 바로 기적이라는 생각이 든다.

모든 사람이 성장하는 교회

광염교회에서는 인간적으로나 신앙적으로나 모든 사람들이 성장하고 있다. 시간이 지나면 사람이 성장하는 것을 확인할 수 있다. 대표적인 경우가 이윤정 전도사다.

이 전도사가 처음부터 지금과 같은 능력을 발휘한 것은 아니었다. 담임목사가 믿고 일을 맡겨주고 옆에서 코치하면서 키워주었기 때문이라고 한다. 이 전도사는 자신이 멀티플레이어 교역자로 성장한 과정에 대해 이렇게 이야기했다.

교회에서 전도사 생활을 하는 것은 무척 행복하지만 한편으로는 새로운 일에 대한 도전이 끊이지 않는다. 늘 아이디어가 반짝이는 목사님께서 어떤 일을 새로 시작하고 맡길지 모르기 때문이다. 외국인 한 명 없는 외국인부를 맡은 지 얼마 안 되었을 때 목사님은 나를 컴퓨터 앞으로 불렀다. 목사님은 전도책자를 만들면서 이것저것 물어보았다. 그러고는 나에게 다음주부터 전도 주보를 만들라고 했다. 생전 처음 보는 매킨토시 컴퓨터로. 또 어느 날은 내게 홈페이지를 만들어보라고 했다.

그날 이후로 홈페이지 관련 책자를 사서 읽고 제작하는 회사를 드나들며 만들기 시작한 게 오늘의 광염교회 홈페이지가 된 것이다. 이렇게 해서 새로운 일에 하나하나 도전해나갔다. 조 목사님은 하나님의 감동에 민감하고 실패를 두려워하지 않아 새로운 일을 추진하기를 즐겨한다. 두 가지를 겸비하였으니 하나님께서 마음만 부어주시면 무슨 일에든 뛰어든다. 다른 사람들을 시키기에 앞서 솔선수범하기 때문에 안 해본 일이 없고, 못하는 일이 없다고 표현해야 옳을 것 같다. 그만큼 능력과 부지런함이라는 훌륭한 무기를 갖고 있다.

목사님 곁에서 어느덧 나도 모르게 여러 가지 일을 할 줄 아는 전도사가 되어가고 있는 것을 느낀다. 목사님은 언제나 나를 격려하고 "이윤정은 할 수 있어"라고 칭찬해주기 때문에 힘이 솟는다. 때로는 새로운 도전들 속에서 주춤할 때도 있고, 못해낼 것 같다는 생각을 할 때도 있다. 그럴 때마다 "능력과 지혜는 하나님께로부터 오는 것"이라고 용기를 북돋워준다. 실수를 할 때도 책망보다는 아버지의 마음을 가지고 자상하게 가르쳐준다. 그러다 보니 실수하면서 배우는 것이 두렵지 않게 되었다.

교회 설립 10주년 기념 교회 담임목사로 내정된 김세열 목사. 교회와 10년을 함께 했다. 그는 평신도에서 시작하여 목사가 된, 목회자 양성과정 제1호라고 할 수 있다. 김 목사는 자신이 목회자가 되기까지의 과정을 다음과 같이 설명했다.

사람에 대한 평가는 상대적이다. 조 목사님은 아이디어가 풍부하고 말보다 행동이 앞서는 사람이다. 그러다 보니 나는 본의 아니게 상대적으로 '빤질빤질한 부목사'가 되고 말았다. 목사님은 선교와 구제, 장학생 지원에 대해 많은 경우 상상을 초월했다. 그러나 그 방향이 틀린 적은 거의 없었다. 내가 조심조심 걸음을 떼려고 할 때에 이미 뛰었다. 내가 뛰려고 신발을 고쳐 신으면 벌써 '부우웅' 소리를 내며 날고 있었다. 조 목사님이 일을 추진할 때마다 나는 비슷한 감정을 느꼈다. 너무 앞서가기 때문에 따라가기가 힘들어 이런 결정들에 대해 못마땅하게 생각하고 소극적으로 행동할 때가 많았다. 그러나 목사님은 그런 나를 억지로 끌고 가거나 몰아붙이지 않고 스스로 깨달을 때까지 기다려주었다.

목사님은 가끔 주일 저녁, 예배당과 교회 사무실을 정리하고 휴지를 줍고 청소를 하기도 한다. 김장철에는 작업복을 입고 사람들과 어울려 고춧가루를 손에 묻히며 손수 김장을 담그는 일도 마다하지 않는다. 사랑의 집 만들기나 교회 공사 현장에서도 궂은일에 직접 참여한다. 흉내만 내는 것이 아니라 진지하게 열심히 일한다. 그만큼 소박하고 겸손하고 온유한 분이다. 하지만 언제나 나는 피동적으로 움직였다. 물론 목사님은 열심히 하라고 강요한 적이 없다. 다만 당신스스로 앞장서는 무언의 행동으로 나를 압박했을 뿐이다.

나는 개인적으로 목사님에 대해 많은 추억이 있다. 신학대학원 시험을 볼 때 목사님이 논문과 시험을 지도해주었다. 시험보던 날 집에 와 격려하고 차비까지 손에 쥐어주었다. 명절이 되면 우리 집 앞에 오셔서 불러내어 과일 한 보따리를 주시고는 훌쩍 가시곤 하였다. 아마 다른 부교역자에게도 전해주러 가셨으리라. 그것은 내 아내가 아플 때도, 내가 아플 때도 마찬가지였다. 항상 여유를 갖고 자발적으로 돌아올 때까지 아버지의 마음으로 참고 기다려주었다. 이제 얼마 있으면 10주년 기념 교회의 담임목사가 되어 수동적인 부목사 시절도 아쉬움 속에서 졸업을 해야 한다.

지금의 나는 아직도 목사님을 멀리서 뒤따라가고 있다. 그렇다고 열등감을 갖고 있지는 않다. 목사님과 비교하면 난 여전히 느림보지만 가는 길만은 올바르다고 믿기 때문이다. 목사님께 인내와 사랑하는 방법, 비전 있는 목회 철학, 아름다운 목회 방법을 배웠다. 나도 모르게 목사님을 하나하나 닮아가고 있음을 본다.

이제 부교역자의 마음을 지니고 있을 날도 얼마 남지 않았다. 아마 담임목사가 되면 목사님을 더 잘 이해할 수 있을 것이다. 그리고 목사님의 설교와 목회 철학을 뒤따르고 있으리라. 그때 어쩌면 나와 같은 스타일의 또 하나의 빤질빤질한 부교역자를 맞을지도 모른다. 솔직히 말해 달갑지는 않은 일이다. 그러나 걱정하지 않는다. 그런 부교역자를 어떻게 대해 주어야 하는지, 어떻게 성숙한 목사로 키울 수 있는지를 너무 잘 배웠기 때문이다. 그런 부교역자는 인내로 기다리고, 사랑으로 가르쳐주며 이끌어주어야 뒤늦게라도 목사다운 목사가 된다는 것을 깨달은 덕택이다.

청년들의 친구로서 선배로서 스승으로서 사랑과 존경을 한몸에 받고 있는 청년2부 담당 이석진 전도사. 그는 또한 한국기독교연합봉사단의 간사로서 구제와 봉사 현장에서 하나님을 향한 열정과 헌신으로 일하며 탁월한 리더십을 발휘하고 있어 큰 사랑을 받고 있다. 평신도로 신앙생활을 하던 그가 잘 나가던 직장을 그만두고 목회자의 길로 들어선 이유를 이렇게 말했다.

조 목사님이 내게 목회자의 길을 갈 것을 권유하기 전에도 난 신학을 공부하라는 권유를 받은 적이 있었다. 그러나 나는 늘 '이 땅에 많은 목회자들이 있는데 목회자가 더 필요할까?'라고 생각했고 나의 대답은 '더 필요없다'였다. 그러나 조 목사님이 동일한 권유를 하셨을 때 나의 마음과 기도 결과는 달랐다. '조 목사님 같은 목회자가 이 땅에 한 명 더 있기 위해서라면 할 만한 충분한 이유가 있다'였다. 그래서 직장을 과감히 포기하고 신학대학원에 입학하게 되었다. 그리고 지금껏 이렇게 시작한 것을 심각하게 후회해본 적이 단 한 번도 없었다. 때로는 지칠 때 '왜 목회자의 길에 들어섰던가'에 대한 물음이 잠깐 스치고 지나가면 옆에서 목사님을 조용히 바라본다. 목사님이 주위로부터 존경받고 사랑받는 모습이 명확한 대답이 되어 돌아오곤 한다.

내 꿈은 조 목사님처럼 하나님이 보시기에 기뻐하고 성도들이 행복하게 느끼는 목사가 되는 것이다. 조 목사님은 내 인생의 커다란 스승이며 아버지이다. 특히 항상 하나님의 영광을 앞세우며 자신은 하나님과 성도들의 종이라는 섬김의 자세로 목회를 하고 있어 그분과 닮은 목회자가 된다는 것은 이 땅에 나를 보내신 하나님이 기뻐하시고 세상이 필요로 하는 일임을 확신한다.

요즈음에는 교회를 방문해 목회 철학을 배우고 싶다고 요청하는 목회자들도 늘고 있다. 아니 아예 찾아와 교회 개척을 앞두고 실습 과정을 밟겠다고 부탁하는 목사까지 생겨났다.

김선직 목사가 그 중 한 사람이다. 그는 2년 전에 선배 목사로부터 상계동에 건강한 교회가 있다는 얘기를 듣고 궁금해서 가보고 싶은 충동을 느꼈다. 얼마 후 시간을 내어 예배에 조용히 참석했다. 그는 그날 주보에 실린 칼럼을 보고 깜짝 놀랐다. 조 목사 자신이 설교하면서 즐겨 하던 말들이 10년이란 세월을 지나는 동안 혹 변질된 것이 없는지 점검해보는 내용이었다.

사람은 편한 것을 좋아하고 길들여지는 경향이 있는데 목사가 스스로 자신이 쏟아놓았던 말들을 다시 반추해본다는 것은 쉽지 않은 일이다. 초심을 유지하는 목회, 초대교회의 순수성과 열정을 간직한 교회라는 믿음이 생겨 좋은 인상을 간직하고 돌아갔다. 김 목사는 교회 개척을 앞두고 여러 훌륭한 교회들을 방문해서 많은 것을 보고 배웠다. 마지막 실습장을 광염교회로 정하고 조 목사의 목회 철학과 방법을 배우기 위해 지난 6월 무조건 등록했다.

그는 등록 이후 지금까지 놀라움과 감동의 연속이었다고 말한다. 등록한 지 얼마 되지 않아 교역자 수련회에 참석했을 때의 소감을 이렇게 표현했다.

"담임목사와 부교역자가 격이 없이 대화하는 모습은 내게는 문화적인 충격이었다. 얼마나 놀랐는지 모른다. 그러한 경험이 없었던 나로선 당황하지 않을 수 없었다. 내가 놀랐다고 하자 그들은 이것은 아주 자연스런 일상이라고 했다. 자신들의 마음에 있는 의견을 전혀 거리낌 없이 다 얘기하고 있었다. 나는 거기서 자유를 보았다."

수평적이고 인격적인 리더십이 숨쉬고 있는 광염교회는 그에게 신

선한 충격으로 다가왔다. 부목사와 전도사가 담임목사에게 '노(No)' 라고 말할 수 있는 자유로운 분위기가 퍽이나 인상적으로 느껴졌다고 고백한다.

이처럼 부교역자들이 훌륭한 목회자로 연단되는 과정을 지켜보면서 조 목사와 교인들은 사람이 크는 교회에서 누릴 수 있는 큰 기쁨을 맛보고 있다. 동시에 이미 광염교회에서 훈련을 받은 후 교회를 개척한 서울강동광염교회의 이종기 목사와 원자력병원교회의 정윤태 목사가 광염의 정신을 전파하고 있는 모습을 지켜보며 기쁨과 보람을 느끼고 있다.

존경받는 목사, 행복한 성도들

광염교회의 첫인상은 교인들의 모습이 행복해 보인다는 것이다. 그밖에 가장 두드러진 특징을 꼽으라면 남자와 여자의 비율이 비슷하다는 점을 들 수 있다. 대부분의 교회에서는 여자가 남자보다 많다. 심하면 남자와 여자의 수가 20 대 80의 비율을 이루기도 한다. 이처럼 남자의 비율이 낮은 가장 큰 이유는 교회가 술과 담배를 금하기 때문일 것이다. 특히 술 마시는 것을 죄악시하는 기독교 문화는 교회로 향하는 남성들의 발걸음을 망설이게 만든다.

이러한 대세를 깨뜨린 게 광염교회다. 수요일 저녁 예배를 참석해보면 남녀의 비율이 거의 비슷하다는 사실을 알 수 있다. 나도 광염교회에 오기 전에는 수요 예배에 참석한 적이 거의 없었다. 그러나 지금은 불가피한 경우가 아니면 참석하고, 참석하지 못할 때는 안타까워한다.

남자들의 높은 출석률은 교회 활동에도 그대로 이어져 많은 영역에서 남자들이 주축을 이루고 있다. 이들은 자신들이 누리는 행복과 기쁨을 전하기 위해 전도와 봉사에 열정을 쏟게 된다고 말한다. 직장생활을 하고 '가장'이라는 위치에 있는 30~40대 남자들은 고달프다. 능력주의와 경영혁신이라는 미명하에 살아남기 위해 몸부림치다 보니 스트레스가 이만저만이 아니다. 기성세대와 신세대 사이에서 샌드위치가 되어 어정쩡한 위치에 있다. 가정에서도 마찬가지다. 아버지의 권위는 점점 위상을 잃어가고 있다.

광염교회에 남자들의 출석률이 높은 이유는 아마도 이처럼 무한경쟁에 찌든 한국 남자들에게 편안한 쉼을 줄 수 있는 곳이기 때문인지도 모른다.

또 평소에 한국 교회에 대한 문제의식이 많은 사람일수록 광염교회에서의 신앙생활에 열심이라는 사실도 주목할 만하다. 현재 맹활약을 하고 있는 많은 남자 성도들이 예전에는 그렇지 않았다. 목요일 저녁 구역 예배에 빠짐없이 참석하는 이종기 집사는 "과거에는 교회에 갔다 오면 기쁨이 없었다. 늘 죄인이라는 생각이 들었다. 그런데 광염교회에서는 힘이 생겨난다. 세상에 나갈 에너지가 축적되는 것을 느낀다"고 말한다. 교회가 교회답고 목사가 목사답기 때문이다.

요즘 존경받는다는 것은 흔한 일이 아니다. 그런데 조 목사는 주위 사람들로부터 존경한다는 말을 귀가 따가울 만큼 듣고 있다. 리더십의 궁극적인 목적은 존경받는 리더가 되는 것 아닌가. 사회 각계 각층의 다양한 사람들을 만나보지만 자기가 속한 조직의 구성원으로부터 변함없는 존경을 한몸에 받는 리더를 만나는 경우는 드물다. 존경의 나무는 감동을 먹고 자란다. 감동 없는 존경이란 없는 법이다. 조 목사는 예수님 말씀대로 넓은 문을 포기하고 좁은 문을 선택하였다.

조 목사에게 가장 사랑을 많이 받는 사람들은 가난한 사람과 고난받는 사람들이다. 조 목사는 건강한 가정에는 오히려 관심이 적다. 멀리서 지켜볼 뿐이다. 하지만 가난하고 고난받는 가정이 생기면 따뜻한 사랑으로 보살핀다. 전혀 모르는 사람일지라도 성령의 감동을 받으면 먼 길도 마다하지 않고 그를 돕기 위해 찾아간다.

"교회가 도대체 무슨 구제 기관인가. 예로부터 가난은 임금님도 어떻게 할 수 없다고 하지 않았는가"라고 반문할 수도 있다. 그런데 교회가 잃어버린 양을 찾아 몸과 마음을 다하여 보살피는 모습을 보게 되면 '혹시 나도 어려움을 당하면 저렇게 보살펴주겠지' 하는 믿음을 갖게 된다.

목사에 대한 존경과 그로부터 받은 감동은 그대로 광염교회인들의 행복으로 이어진다. 그들은 세상의 온갖 근심과 걱정을 하나님께 내려놓고 태평한 마음으로 신앙생활을 한다.

광염교회 사람들은 현재 누리고 있는 행복을 전해주기 위해 전도 현장으로, 구제 현장으로 달려가는 것을 피곤으로 여기지 않고 기쁨과 환희로 받아들인다. 가난하고 고난받으며 소외된 자들을 긍휼히 여길 때 하나님이 함께 하신다는 것을 체험을 통해 터득한 까닭이다.

조 목사의 중요한 목회 철학의 하나가 '아버지의 마음으로'이다. 아버지의 마음으로 교인들을 대하니 이런 사람 저런 사람 다 포용할 수 있다고 한다. 아버지의 마음으로 목회를 하니 그들도 자연히 담임목사를 아버지로 생각하곤 한다.

교회에서는 매년 10월 장애우와 함께 가을소풍을 떠난다. 그런데 지난 2002년에는 조 목사와 초등부 지도 담당인 이도수 목사 두 아버지의 마음이 충돌하는 일이 벌어졌다. 이 목사가 초등학생들을 바라보며 아버지 마음이 생겨났다. 원래는 중학생 이상만 참여할 수 있도록 되어 있는 행사였는데 어려서부터 좋은 체험을 할 수 있도록 해주고 싶었다. 그래서 초등부 홈페이지에 글을 올려 선착순으로 20명을 데려가고 싶다는 뜻을 밝혔다. 그러나 담임목사가 수재민 돕기 봉사로 워낙 바빠서 미처 의사소통이 원활하게 이루어지지 못한 까닭이었을까. 나중에 다시 협의한 끝에 초등부 학생들은 데려가지 않는다는 결정이 내려졌다. 광염교회 재정 집행 원칙에 위배된다는 이유였다. 장애인을 보살피려면 육체적인 힘이 필요한데 초등학생들은 오히려 보살핌을 받아야 할 입장이니 정성어린 십일조가 허비되는 결과를 가져온다는 것이다.

초등학생들이 함께 가는 것은 취소되었으나 조 목사의 마음은 편치 않았다. 아이들을 데려가고 싶다는 이 목사에게서 아버지의 마음을 읽을 수 있었기 때문이다. 이미 갈 것을 기대하며 꿈에 부풀었던 초등부 학생들의 상한 마음도 눈에 보이는 듯했다.

다음날 조 목사는 일을 위해 성과와 효율성도 중요하지만 사랑이 더 중요하다는 생각이 들어 가을소풍 행사를 준비하는 이웃사랑부에게 이 목사의 따뜻한 마음대로 아이들을 데려가자고 부탁하고 회개하는 글을 올렸다. 여기에 아버지의 마음을 읽을 수 있는 조 목사의 글과 이 목사의 글을 함께 옮긴다.

그 일을 취소시킨 후에 초등부 홈페이지에 가보니 이도수 목사님이 그 일을 시작하면서 써놓은 글이 있더군요. 그대로 퍼다 옮겨봅니다.

"돌아오는 10월 24일에는 우리 교회에서 장애우들과 함께 가을소풍을 가는 날입니다. 이번 가을로 벌써 다섯 번째인 듯하네요. 약 100명 가까이 되는 장애우들을 데리고 자원봉사자가 되어서 놀이동산에 가서 함께 놀이기구도 타고 밥도 먹습니다. 장애우들은 1년에 한 번 있는 이 소풍날을 손꼽아 기다립니다. 그들에게는 이날이 1년 중 가장 즐겁고 행복한 날이라고 해도 틀리지 않습니다. 우리 교회에서 이런 좋은 일을 하고 있다는 것이 자랑스럽습니다.

그런데 올해는 우리 초등부에서도 이 귀한 일에 함께 했으면 좋겠습니다. 사실 지금까지는 중고등부 이상에게만 자원봉사를 하도록 했습니다. 이 일이 그렇게 쉽지 않은 일이기 때문입니다. 이번은 처음이라 우리 초등부 어린이들은 보조 역할만 해도 좋을 것 같습니다. 중고등부 이상의 자원봉사자와 함께 하면서 장애우를 섬기는 것입니다.

저는 우리 초등부 수련회에 대해서 이런 생각을 하고 있었습니다. 언젠가는 세계와 전국을 무대로 봉사활동도 하고 체험학습도 하고 선교와 같은 특별한 경험도 하는 수련회 말입니다. 이번에 하루이지만 함께 했으면 좋겠습니다. 우리 아이들도 충분히 자원봉사를 할 수 있을 것입니다. 이런 자원봉사를 통해서 아이들의 생각이 많이 바뀔 것입니다. 자신이 얼마나 축복받은 아이인지, 얼마나 행복한 아이인지 알게 될 것입니다. 장애우와 함께 하면서 오히려 장애우를 통해서 배우는 것이 많고, 장애우도 우리와 똑같은 사람이며 사랑받아야 한다는 것을 깨닫게 되리라 믿습니다. 아이들의 삶의 태도도 많이 바뀌고 생각도 그 만큼 성숙해지리라고 확신합니다.

그러나 이 일에 초등부 모두가 참여할 수는 없습니다. 왜냐하면 돈이 너무나 많이 들기 때문입니다. 에버랜드에 단체 봉사자로 입장해도 적어도 일인당 1만 5천 원은 듭니다. 그래서 우리 초등부 아이들이 다 참여하게 된다면 약 100만 원은 필요하게 됩니다. 그렇게 되면 교회에 너무 부담이 크기 때문에 그렇게 할 수는 없을 것 같습니다. 그래서 생각하기를 5, 6학년 중에서 20명만 선착순으로 받으려고 합니다. 그런데 부모님의 동의를 얻어야 합니다. 왜냐하면 10월 24일은 학교 가는 목요일이기 때문이지요. 부모님의 허락을 받은 아이들 중에서 20명만 자원봉사를 할 수 있게 됩니다. 다음 번에는 우리 교회도 재정이 많아져서 모든 어린이들이 다 할 수 있는 날이 올 것입니다. 이번 장애우와 함께 하는 가을소풍은 우리 초등부에게 축복이 될 것이라고 확신합니다. 우리 함께 그 기쁨과 은혜의 현장에서 만나봅시다. 사랑합니다."

이 글을 읽으며 이도수 목사님 안에 있는 '아버지 마음'이 느껴집니다. 그것은 사랑입니다. 이 일을 추진하는 이 목사님의 깊은 마음을 읽을 수 있습니다. 그러나 나는 이 행사가 놀러 가는 행사로 비쳐지면 안 된다는 생각에서 그 행사를 취소하도록 했습니다. 잘한 결정이라는 마음이 있었습니다. 하지만 계속 마음이 불편합니다. 오늘 아침에 묵상하는 중에 내 안에 사랑이 우선이라는 생각이 다가왔습니다. 효율적이고 효과적인 성과에 사랑이 희생당하는 것은 아닌가 하는 마음이 들었습니다. 내가 이런 결정을 한 것은 효율적이고 효과적으로 교회 재정을 사용하고 교회 행사를 유지해나가야 한다는 관점에서였습니다. 그러나 그 소식을 듣고 장애우와 함께 하루를 보내겠다는 갸륵한 마음을 가졌던 아이들을 향한 사랑, 이기적이기 쉬운 아이들에게 나눔과 섬김 그리고 사랑을 가르쳐주기 원했던 이도수 목사님과 초등부 교사들에 대한 사랑은 뒤로 밀렸던 것 같습니다.

늘 경계했던 성과 중심의 사고방식이 어느새 내 안에도 들어와 있는 것을 발견했습니다. 사람보다, 사랑보다, 효율과 효과가 우선되고 성과에 치우침으로 사람이 상하고 사랑이 훼손당하는 그런 안타까운 일이 말입니다. 이런 와중에 내가 올린 글을 다시 읽어보니 거긴 '아버지 마음'도 따뜻함도 없더군요. 오직 효과적이고 효율적인 성과만 있더군요. 얼굴이 붉어져서 더 이상 그대로 둘 수 없어 그 부분들을 지웠습니다.

오늘 아침 다시 원래의 자리를 찾아 돌아가고 싶습니다. 비록 효율적이지 못하고 소기의 성과를 달성하지 못한다 해도 사람을, 사랑을 택하겠습니다. 초등부 아이들, 이번 장애우와 함께 떠나는 가을소풍에 데리고 갔으면 좋겠습니다. 비록 비효율적인 것 같고, 혹 놀러 가는 것으로 오해를 받는다 해도 데리고 가면 좋겠습니다. 분명 이 일을 시작한 이도수 목사님 안에 사랑이 있습니다.

장애우를 향한 사랑과 맡고 있는 아이들을 향한 사랑입니다. 함께 가는 초등부 아이들의 엄마나 아빠에게 좀 중증인 장애우를 배정해 아이와 부모가 함께 장애우를 섬기도록 하면 좋을 것 같네요. 이도수 목사님이나 초등부 교사들, 그리고 초등부 어린이들에게 미안합니다. 여러분들의 담임목사가 사람과 사랑보다 효율과 성과에 주목하는 위험 인물이 되어버렸네요. 사람이 아닌 일이 우선되는 위험한 사람이 되어 있네요. 그래도 이것이 깊어지기 전에, 더욱 굳어지기 전에 발견해서 다행입니다. 이번에 여러분을 통해 나도 모르는 사이에 성과에 돌아가 있던 내 눈을 사람과 사랑에게로 다시 돌립니다.

이래서 부족한 목사를 위한 기도는 계속되어야 할 것 같네요. 이도수 목사님, 사랑합니다. 초등부 교사 여러분, 사랑합니다. 초등부 여러분, 사랑합니다.

제2장

비전 있는 목회 철학
아름다운 목회 방법

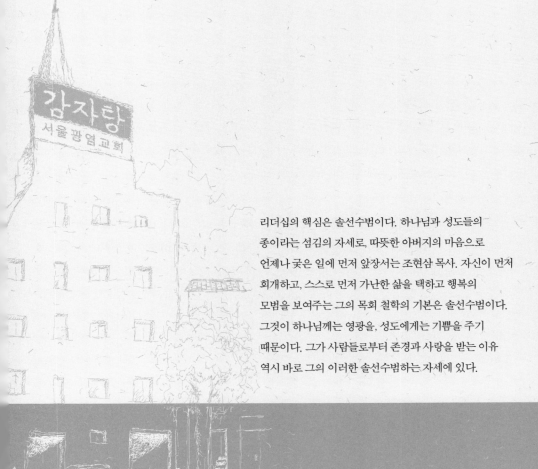

리더십의 핵심은 솔선수범이다. 하나님과 성도들의
종이라는 섬김의 자세로, 따뜻한 아버지의 마음으로
언제나 궂은 일에 먼저 앞장서는 조현삼 목사. 자신이 먼저
회개하고, 스스로 먼저 가난한 삶을 택하고 행복의
모범을 보여주는 그의 목회 철학의 기본은 솔선수범이다.
그것이 하나님께는 영광을, 성도에게는 기쁨을 주기
때문이다. 그가 사람들로부터 존경과 사랑을 받는 이유
역시 바로 그의 이러한 솔선수범하는 자세에 있다.

솔선수범하는 목회 철학

리더십의 핵심은 솔선수범에 있다. 수신제가치국평천하(修身齊家治國平天下)나 서양의 노블리스 오블리제(Noblesse oblige)라는 말에는 모두 솔선수범의 의미가 포함되어 있다. 조현삼 목사가 사람들에게서 존경과 사랑을 받는 이유 역시 '솔선수범하는 자세'에 있다. 그 예로 다음의 열 가지를 들 수 있다.

첫째, 전도활동에 모범을 보인다는 점이다. 조 목사는 전도활동을 멈추지 않겠다는 목회 철학을 가지고 있다. 그는 전도활동을 밥에 비유한다. 만약 기독교인이 전도활동을 하지 않으면 영적인 갈급 상태에 빠진다고 가르친다. 또 여기서 멈추지 않고 몸소 실천한다. 하지만 사람들에게 전도를 강요하지는 않는다. 아마 광염교회처럼 전도를 강조하면서도 강요하지 않는 교회도 드물 것이다. 하지만 조 목사의 솔선수범하는 행동은 사람들로 하여금 자발적이고 적극적인 전도활동을 하도록 유도한다.

둘째, 자신이 먼저 회개한다는 점이다. 조 목사는 자신에게 대단히 엄격하다. 하나님이 보시기에 흡족하지 않을 것이라는 생각이 들면 반드시 허물을 인정하고 먼저 회개한다. 그것도 설교 시간에 자신의 연

66

약함을 고백하고 하나님께 공개적으로 용서를 구하는 것이다. 몇 해 전, 대각성 전도집회 때 교회에서는 집회 준비를 위해 수고한 사람들의 뒤풀이용으로 생선회를 준비하여 냉장고에 넣어두었다. 행사를 마친 후 오붓한 시간을 갖기 위해 마련한 것이다. 그런데 진행상의 착오로 집회가 끝나기도 전에 생선회가 미리 나오는 것을 보고 집회 참석자들이 보는 앞에서 손동작으로 저지 신호를 보냈다. 생선회는 다시 냉장고로 들어갔지만 거기 모인 참석자들은 어떤 상황인지 파악할 수 있었다. 집회가 끝난 후 회를 먹으면서 조 목사는 신선한 회맛을 전혀 느낄 수 없었다고 한다. 다음주 설교 시간에 "그래 조 목사, 너는 나의 사랑하는 자녀들을 초청해놓고 그들에게 생선살도 주지 못하느냐"라고 꾸짖으셨다는 하나님 말씀을 인용하면서 자신의 잘못을 솔직하게 털어놓고 회개했다. 사람들은 조 목사의 이런 언행에 감명을 받았다.

셋째, 남을 섬기는 데 모범을 보인다는 점이다. 생활형편이 어려운 모녀 가정을 위한 사랑의 집 1호, 외국인 근로자를 위한 미션하우스 사랑의 집 2호, 부자 가정을 위한 사랑의 집 3호, 숙소가 불편한 청년들을 위한 광염학사 사랑의 집 4호를 준비하는 과정에서 조 목사는 그 누구보다 솔선수범하였다. 직접 페인트칠을 하고, 도배를 하고, 장판을 깔고…… 수많은 사람들을 이끌어가는 목사가 먼저 팔을 걷어붙이고 일을 하는데 이를 따라주지 않을 사람은 아무도 없을 것이다. 사랑의 집은 이렇게 완성이 되었고 지금 그곳에는 많은 사람들이 기거하며 희망을 꿈꾸고 있다. 이것은 그에게 사람을 아끼고 사랑하는 마음이 있기 때문이고, 그가 남을 섬길 줄 알기 때문이다.

넷째, 모든 사람들에게 검소함의 모범을 보여주고 있다는 점이다.

그는 소중한 헌금을 아끼고 아껴서 꼭 필요한 곳을 찾아 지출한다. 구제와 선교, 장학사업에 상상을 초월하는 금액을 사용하면서도 교회 운영에 필요한 돈은 절약을 강조한다.

다섯째, 교회의 모든 일에 앞장선다는 점이다. 구석구석을 청소하는 일이나 연말이 되어 김장을 하는 일에도 그 누구보다 앞장선다. 교회에는 관리인이나 직원을 따로 두지 않는다. 조 목사는 교역자, 교인들과 함께 교회를 직접 관리한다. 대걸레를 들고 즐거운 마음으로 청소를 하며 청소 축제에 참여하기도 한다. 김장을 하는 경우에도 마찬가지다. 조 목사는 직접 무를 썰거나 김칫소를 버무리는 일을 맡는다. 광염교회의 김장 김치가 유독 맛있는 것은 이러한 조 목사의 사랑의 손길이 듬뿍 담겨 있기 때문이라고 사람들은 말한다.

여섯째, 특별 대우를 받지 않는다는 점이다. 전도여행을 가는 경우나 외부 행사가 있는 경우에도 조 목사는 다른 사람들과 똑같이 움직인다. 보통 사람들은 전도여행을 통해 시골 정취를 느끼고, 가족들과 함께 오붓한 시간을 가지며 편히 쉬고 싶은 생각을 갖는다. 그러나 조 목사는 전도여행을 초막절(이스라엘 백성들이 예루살렘 성전에 모여 초막을 짓고 하나님께 제사를 드리고, 가난한 이웃들과 함께 음식을 나누며 보낸 절기)이라 선포하고 텐트나 예배당에서 머물며 불편함을 감수한다. 이런 불편함을 통해 현재 우리가 누리고 있는 편안함에 대해 감사하자는 것이다. 또 각 기관의 간부들이 참석하는 제직수련회에서도 그는 독방을 쓰지 않고 제비뽑기를 하여 방을 배정받고 다른 사람들과 똑같이 움직인다.

일곱째, 설교를 쉽게 한다는 점이다. 그래서 조 목사의 설교는 매번 감동을 준다. 광염교회에 등록한 사람들이 달라지는 것이 있다면 바로 출석률이다. 많은 사람들은 조 목사의 달콤하고 유익한 설교를 듣기 위해 거의 모든 예배에 참석한다. 그의 설교는 쉽고 재미있고 구체적이어서 삶의 지침이 되기 때문이다. 이순옥 집사는 교회에 나오면서도 한 달이 다되도록 등록을 하지 않았다. 그동안 들어왔던 설교와 비교해볼 때 조 목사의 설교가 감동적이긴 하지만 지나치게 쉬워 너무 가볍다는 생각이 들었기 때문이다. 어렵고 현학적인 설교에 익숙한 사람들에게 조 목사의 설교는 깊이가 없어 보일 수도 있다. 그러나 어려운 것을 조리해서 쉽게 먹이는 게 바로 복음이라는 말씀을 깨닫고 나서 바로 등록을 했다. 광염교회인들은 지금 예수님의 말씀처럼 쉽고 편안한 조 목사의 설교를 들으며 기쁨이 충만하고 늘 감사하는 마음으로 신앙생활을 하고 있다.

여덟째, 예수님이 강조한 선한 사마리아인의 모범을 보인다는 점이다. 강도 만난 사람을 보고 그냥 지나치지 않고 구해준 성경 속의 선한 사마리아인을 생각하면서 고통을 당하는 이웃이 있으면 그 누구보다 먼저 다가가 사랑을 전달한다. 한국기독교연합봉사단을 설립하여 삼풍백화점 붕괴 현장, 가뭄 및 수해 지역 지원 등 언제든지 도움이 필요한 곳으로 달려간다. 그는 머릿속으로 이해를 따져가며 도움의 손길을 뻗지 않는다. 사랑의 실천은 여유가 생기면 하는 것이 아니라 가장 중요하고 긴급한 모든 일에 즉시성과 현장성을 가지고 해야 한다는 것이 그의 생각이다.

아홉째, 행복의 모범을 보여준다는 점이다. "기독교인은 죽으면 반드시 천국에 간다. 그러나 이 땅에 있는 동안에도 천국을 경험해야 한다"고 조 목사는 가르친다. 그것은 바로 행복을 느끼며 살아가는 비결이다. 스스로도 "나는 행복한 목사입니다"라는 말을 수없이 되뇌인다. 그의 얼굴에는 언제나 행복이 녹아 있다. 그가 바로 우리에게 행복은 이런 것이라는 모범을 보이고 있는 것이다. 그런 목사 밑에 행복한 성도들이 있는 것은 어쩌면 당연하다.

열번째, 꿈과 비전을 보여주며 실천하고 있다는 점이다. 그는 마치 10대들처럼 꿈을 꾼다. 그러나 무모해 보이는 꿈이 하나하나 실현되고 있음을 느낄 수 있다. 이것이 바로 셋방살이하는 예배당이 하나의 커다란 교회를 이룬 저력이다. 목사가 불편함을 참고 함께 견디자며 호소할 수 있는 것도 미래에 대한 소망을 중시하기 때문이다.

조 목사의 목회 철학의 기본은 솔선수범에 있다. 그것이 바로 하나님께는 영광을, 성도에게는 기쁨을 주기 때문이다.

목사의 오른팔이 필요없는 교회

최근 기업에서는 '벽 없는 조직'을 부르짖으며 열린 경영을 도입하고 있다. 다양성을 인정하면서 상하 좌우로의 자연스러운 의사소통을 통한 활기 넘치는 조직을 운영하고자 하는 것이다. 그러나 조 목사는 이미 10년 전에 그런 조직을 만들었다. 이른바 '목사의 오른팔이 없는 교회'를 천명하였다. 10년 전이라면 교회 내 조직에서 오른팔이 있어도 크게 문제가 되지 않았던 시절이다. 어떻게 이런 생각을 목회 철학으로 정립할 수 있었을까?

'목사와 신도는 서로 섬기는 대상이지 군림의 대상이 아니다'라는 것이 조 목사의 확고한 신념이다. 목사가 성도를 섬기는 데 오른팔은 필요 없다. 성도 역시 목사를 섬기려 한다면 목사의 오른팔이 될 필요가 없다는 것이다. 조 목사는 그런 지혜를 바로 성경에서 찾고 있다. 자리다툼을 하는 제자들에게 예수님은 "너희 중에 누구든지 크고자 하는 자는 너희를 섬기는 자가 되고 너희 중에 누구든지 으뜸이 되고자 하는 자는 모든 사람의 종이 되어야 하리라"라고 가르치면서 섬김의 리더십을 강조했다. 그러므로 오른팔을 만들겠다거나 오른팔이 되겠다는 것 자체가 성경에 위배된다는 것이다. 조 목사는 "나는 그 누구도 목사의 사람으로 만들 생각이 없습니다. 목사의 오른팔이 없는 교회가 행복합니다. 여러분 모두는 다 하나님의 사람입니다"라고 말한다.

조 목사는 오른팔에 대한 책임이 담임목사에게 있다고 한다. 사람들이 아무리 오른팔이 되고 싶어도 목사가 그것을 선호하지 않으면 오른팔은 소멸하고 말 것이기 때문이다. 당장에는 오른팔이 있는 것이 좋아 보일지도 모른다. 그러나 오른팔을 만든다는 것은 불행을 미리 예약하는 것이나 다름없다. 오른팔이 된다는 것도 마찬가지다.

오른팔이 되려는 사람은 이미 자리를 잡고 있는 오른팔을 제거해야 한다. 인정받고 있는 사람을 끌어내려야 자신이 그 자리를 차지할 수 있기 때문이다. 오른팔의 자리에 오른 후에 상황은 뒤바뀐다. 그 자리에 오르려 하는 사람을 찾아내서 견제해야 한다. 다른 사람의 장점을 보지 못하고 문제점을 찾아내어 오른팔에 대한 꿈도 꾸지 못하게 만들어야 한다. 또 자신의 위치를 유지하기 위해서는 또 다른 오른팔을 만들어야 한다. 그렇다면 이런 노력들은 누구를 위한 것인가. 하나님을 위한 것도 목사를 위한 것도 자신을 위한 것도 아니다. 다만 보여주기 위한 허세에 불과하다. 이른바 '오른팔의 악순환'이 계속되는 한 교회는 바람 잘 날이 없을 것이다.

조 목사는 "자기의 사람이 아닌 하나님의 사람을 만들어야 한다"고 말한다. 광염교회에서는 이러한 조 목사의 의지가 결실을 맺어 오른팔 행세를 하는 사람은 볼 수 없다. 조 목사는 물론이거니와 교인들 사이에도 서로 오른팔이 되려는 모습은 보이지 않는다. 교회 내에 목사의 사람이 없으므로 모두가 하나님의 사람이다. 이런 상황에서 사람들이 하나가 되는 것은 당연한 것이다. 결국 광염교회의 각 기관은 하나님의 종으로 섬기는 자세를 가지고 생각하며 활동하기 때문에 각 기관이 살아 움직이는 활기있는 조직이 되었다.

광염교회 사람들의 행복은 사람을 위한 오른팔이 되기를 포기하는 데서 출발한다. 나아가 목사와 모든 사람들이 '하나님을 위한, 하나님에 의한, 하나님의 사람'이 되기 위해 노력하고 있다.

조 목사는 기업들의 고객에 대한 자세 변화에 관심을 갖고 있다. 고객 만족으로는 부족해서 고객 감동, 나아가 고객 행복이란 말까지 등장했기 때문이다. 그렇다면 기독교인들 역시 세상을 감동시키고 행복을 보장해야 사람들에게 복음을 전할 수 있으리라는 생각이 들었다. 조 목사는 이 점을 중시하면서 오늘도 하나님과 성도라는 두 주인을 섬기며 세상이라는 고객에게 감동과 행복을 주기 위해 노력하고 있다. 이것이 구체화되고 있는 현장이 천국을 경험하고 천국을 확장시키려고 노력하는 광염교회다. 하늘에는 영광, 땅에는 평화가 실현되고 있다. 조 목사는 세상 사람들이 가지는 교회에 대한 불편함을 없애는 일에 많은 관심을 쏟고 있다. 우선 하나님을 늘 주인으로 모신다. 자기를 부인하고 하나님을 첫 자리에 모시는 종으로서의 목회를 하고 있다. 그래서 성령의 명령에 따라 움직인다. 성령에 이끌리어 감동이 전해지면 즉시 행동에 옮긴다. 훌륭한 종은 기동력 있게 움직이지 않으면 안 된다.

그런 까닭에 조 목사가 하는 일마다 사람들은 감동을 받을 수밖에 없다. 조 목사는 성도를 관리의 대상으로 여기지 않고 섬김의 대상으로 우대한다. 이를 위해 투명 목회, 열린 목회, 감동 목회를 실천하고 있는 것이다. 자신만의 만족과 행복을 위한 결정은 하지 않는다. 또 사람들을 자신의 주장대로 끌고 가려고도 하지 않는다. 되도록 사람들에게 부담을 주지 않으려 하고 그들이 불편하게 생각하면 즉시 중지한다.

사람들 위에서 보스처럼 호령하는 권위주의적인 리더십을 버렸기 때문이다. 대신에 사람들이 알고 싶은 것은 전부 알려주고, 사람들이 원하는 것이 무엇인지를 항상 염두에 두는 종의 리더십을 실천하고 있다. 주인의 세미한 목소리도 간과하지 않고 경청함으로써 섬기는 자의 역할을 충실하게 감당하고 있는 것이다.

예수님께서는 "섬김을 받으려 함이 아니라 도리어 섬기려 하고"라고 했다. 나아가 "남에게 대접을 받고자 하는 대로 너희도 남을 대접하라"는 황금률을 제시했다. 조 목사는 예수님의 가르침대로 하나님과 성도를 섬기고 대접하기 위해 최선을 다하는 종의 모습으로 살아왔다. 세상에서 억지로 섬김을 받으면 이미 세상으로부터 보상을 받았기 때문에 하나님 나라에서 보상은 기대할 수 없다. 그러나 세상에서 섬기는 목회를 하면 하늘 나라에 큰 상이 기다리고 있다.

조 목사 목회의 뿌리는 행복론에 있다. 하나님을 행복하게 하고 성도를 행복하게 함으로써 자신이 행복해지고 세상이 행복해진다는 것이 목회 행복론이다. 이것을 근간으로 불철주야 노력하는 종의 역할이 오늘 광염교회 사람들이 누리는 행복을 창출해내고 있다.

세상에서는 가난한 목사, 하늘에서는 부자 목사

얼마 전 "여러분, 부자 되세요"라는 광고 문구가 유행한 적이 있다. 그러나 조 목사는 이런 신드롬과는 달리 "목사는 좀 가난해야 한다"고 강조한다. 목사이기 때문에 그럴 수 있다고 하기에는 가난에 대한 철학이 구체적이고 지속적이라는 점에서 큰 관심을 받고 있다. 가난은 하나님이 주신 위대한 가정교사라고 조 목사는 믿는다.

이러한 생각은 그의 설교에 잘 나타나 있다.

어떤 훌륭한 선생님에게 가난한 집 아이와 부잣집 아이 둘 중 누구를 가르치겠느냐고 물었다. 이때 그 선생님은 조금도 주저하지 않고 부자 아이라고 대답했다. 상식과 기대에 어긋나는 대답인지라 사람들은 당황했다. 잠시 후 선생님은 이렇게 말했다.

"가난한 집 아이는 이미 가난을 통해 자기 일을 스스로 처리하는 방법을 터득했으니 더 이상 가르쳐줄 게 없다. 반면에 부잣집 아이는 모든 것을 부모님이 알아서 해주었기 때문에 스스로 무엇을 해본 경험이 없고 방법을 모른다. 그러므로 그에게는 선생이 필요하다."

요셉, 다윗 등과 같이 성경 속의 위대한 인물들 대부분은 가난의 깊은 터널을 통과하면서 인생을 단련한 사람들이다. 물론 가난이 훌륭한 스승이 되려면 하나님을 만나야 한다. 그렇지 않으면 오히려 가난이

한이 되어 "돈, 돈, 돈" 하면서 수전노처럼 살아갈 가능성도 없지 않다.

조 목사는 "소유하지 말고 관리하라. 그러면 행복해진다"고 가르친다. 이 말은 "심령이 가난한 자는 복이 있나니 천국이 저희 것임이요"라는 예수님의 행복론에 기초하고 있다.

가난한 사람은 이 세상의 모든 것이 하나님의 소유라는 사실을 인정한다. 비록 자신의 이름으로 가지고 있는 재산일지라도 하나님의 재산을 잠시 관리하고 있다고 믿는 사람들이다. 관리자의 마음을 가질 때 행복이 찾아온다. 반면에 소유자가 되고자 한다면 행복은 가까이 가면 갈수록 저 멀리 달아나버린다. 소유가 소유를 낳는 악순환이 반복되면서 소유물의 노예로 전락하게 된다. 하나님은 소유 자체를 인생의 목적으로 삼는 사람에게 결코 행복을 허락하지 않는다. 소유의 삶이냐, 관리의 삶이냐에 따라 가난과 부유함이 달라진다. 가난한 자는 바로 관리자의 삶을 살면서도 행복한 사람들이다.

조 목사는 목사의 실생활도 조금은 가난할 필요가 있다고 말한다. 물질적으로 부족함이 없는 목사는 가난하고 어려운 사람들과 점점 거리가 멀어지기 쉽기 때문이다. 목사가 가난한 사람들의 버팀목이 되지 못하면 현장 중심의 목회는 설 땅을 잃고 결국에는 공중에서 설교하는 목사가 되고 만다. 그러므로 물질적으로 조금은 부족할 때 가난한 이웃의 벗이 될 수 있으며 잃어버린 양에 대한 사랑을 실천할 수 있다. 조 목사가 구제를 중요시하고 가난한 목사에 대해 남다른 애정을 가지는 것도 그가 깨달은 가난에 대한 철학 때문이다.

2002년 교회 설립 10주년 기념 예배에는 부산 모라우리 교회의 김상곤 목사를 초청하였다. 김 목사는 장로를 거쳐 뒤늦게 목회에 뛰어든

늦깎이 목회자다. 지하 예배당을 사택으로 쓰고 있으며, 신도 수가 30명 정도에 불과한 개척교회를 2년 동안 이끌고 있다. 광염교회에서는 10주년을 감사하며 그 교회에 선물할 에어컨을 준비하고 김 목사를 초청했다.

김 목사의 설교가 계속되는 동안 조 목사는 개척 시절 어려웠던 때가 생각났다. 그리고 그의 귀에는 "조 목사, 김 목사 사택을 지하에서 꺼내주라"는 하나님의 목소리가 들렸다. 설교가 끝난 후 조 목사는 보증금 1천만 원을 지원해 사택을 지상에 얻도록 해주고 싶다고 고백했다. 사람들은 담임목사의 마음을 헤아리고 모두가 동의했다. 조 목사가 사람들의 결정에 감사하면서 "10년 동안 목회한 나에게 특별보너스를 주었다"고 생각해달라고 말하자 모두들 더욱 큰 박수로 화답했다.

김 목사는 부산으로 돌아간 후 "광염교회가 하는 감동적인 일들은 다른 교회도 할 수 있는 것들이다. 그러나 10주년 기념 예배 강사로 개척교회 목사를 초청하는 것은 상상할 수 없는 일이다. 광염교회는 참으로 그리스도의 족적이 되는 아름다움이 넘치는 교회다"라고 칭찬하면서 감사의 글을 홈페이지에 올렸다.

이런 사랑의 실천이 어떻게 가능할까. 그것은 조 목사에게 가난의 경험과 가난을 잊지 않으려는 노력 그리고 관리자로서의 삶이 종합적으로 어우러져 나타나기 때문이다.

그러고 보니 조 목사는 정말 가난하다는 생각이 든다. 10년 동안 목회를 했음에도 불구하고 상가 건물에 셋방살이를 하고 있으니 말이다. 게다가 교회 통장에는 잔고가 100만 원을 넘지 않으니 이 또한 가난한 교회의 징표가 아닌가. 그 흔한 승용차도 없고, 사례비도 적으니 가난한 목사라고 해도 무리가 아닐 것 같다.

이처럼 담임목사와 교회는 가난하지만 이웃에 대한 사랑을 아낌없이 실천하고 있으니 하늘나라에 가장 저축을 많이 한 부자 교회와 부자 목사임에 틀림없다.

아버지 마음

기독교는 가족관계를 잘 이해하면 설명이 쉬워진다. 특히 아버지와 자녀의 관계는 기독교의 핵심이다. 아가페, 즉 무조건적인 사랑이 바로 그것이다. 말로는 간단해 보이지만 실제로는 쉽지 않다. 조목사는 목회 철학의 핵심으로 아버지의 마음을 강조한다. 아버지같은 마음을 목회의 기본으로 삼아왔기 때문에 오늘의 광염교회가 탄생할 수 있었다고 회고한다. 조 목사는 자신의 목회의 근간을 이루는 '아버지 철학'에 대해 다음과 같이 말했다.

아버지 마음, 이것은 내 목회에서 아주 중요한 부분입니다. 내가 성도들을 대할 때 내 안에 있길 소망하는 마음입니다. 어떤 마음을 품고 목회를 하느냐는 중요한 것 같습니다. 개혁자의 마음을 품고 목회를 하면 모든 사람들이 다 개혁의 대상이 됩니다. 선생의 마음을 품고 목회를 하면 모든 사람이 다 가르침의 대상입니다. 경영자의 마음을 품고 목회를 하면 모든 사람들이 다 평가의 대상이 됩니다. 그러나 아버지의 마음을 품고 목회를 하면 모든 사람이 다 사랑의 대상이 됩니다. 아버지의 마음을 잘 볼 수 있는 사건이 성경에 있습니다. 우리가 '탕자의 비유'라고 부르는 그 이야기에 아버지의 마음이 나옵니다. 재산을 나누어달라고 하고는 집을 나가서 다 탕진하고 돌아오는 그 아들을 품에 안는 아버지에게서 난 아버지 마음의 원형을 봅니다. 그래요. 그게 아버지 마음입니다. 난 목회를 하면서 아버지 마음을 품고 목회를 하고 싶습니다. 동역자들에게도 늘 그렇게 이야기합니다.

누군가 내게 이런 얘길 했습니다. "목사님 예배 시간에 늦게 오는 성도들 야단 좀 치세요. 목사님이 한 번만 야단치면 다신 안 늦을 겁니다." 그래서 마음을 먹고 야단을 치려고 하는데도 잘 안 됩니다. 늦게 오는 성도가 눈에 거슬려야 야단을 치지요. 늦게 오는 성도가 예뻐 보이니 야단칠 말이 안 나오네요. '그래, 오늘도 왔구나. 오다가 차가 많이 막혔는가 보구나.' 기도 시간에 부스럭 부스럭 소리가 나면 그렇게 좋을 수가 없어요. '어, 또 누가 왔는가 보구나.' 발자국 소리가 나면 '어, 또 왔구나, 또 왔어' 하고 반가울 따름입니다.

누가 나보고 참 마음이 좋다고 그래요. 뭔가 했더니 아이들이 예배 시간에 이리저리 돌아다니는데도 그걸 야단치지 않는다고 하는 말입니다. 개인적으론 나도 애가 셋이다 보니 그 가운데서 단련이 되어서 그렇구요. 또 하나는 강단을 향해 걸어나오는 아이가 예뻐서 그렇습니다. 가만 보니 애들이 클 때는 예배 시간에 한 번씩 강단 앞으로 걸어나와 한바퀴 돌고 가더라구요. 가끔은 말입니다. 애가 그럴 때 그 애 엄마 표정을 보면 거기서도 아버지의 마음을 느낄 수 있습니다. 다른 사람은 예배 시간에 애가 강단 앞으로 걸어나오면 신경이 쓰여서 안절부절못하는데, 그 엄마는 아이가 대견스러워 흐뭇한 표정인 걸 봅니다. 물론 손짓을 하면서 애를 불러대기는 하지만 그 얼굴에는 '아니, 우리 아들이 이젠 걸어서 강단까지 나가네. 아예 나간 김에 목사님 가까이에서 은혜도 듬뿍 받고 오거라'고 쓰여 있습니다.

아버지의 마음을 품으면 그 품에 들어오지 못할 성도가 없습니다. 자식은 어떤 경우에도 다 품 안에 머뭅니다. 때로 잘못하고, 때로 고집을 부리고, 때로 꾀를 부리고, 때로 성을 내도 다 품 안에 머뭅니다. 때론 아버지가 아들을 책망하는 것 같이 성도들을 책망할 때도 있습니다. 나도 훈계를 하거나 책망을 할 때는 눈물이 쏙 빠지도록 합니다. 그러나 아버지 마음을 품고 책망을 하면 그 성도는 여전히 품 안에 머뭅니다. 성도가 품 안에 있으면 올바른 목회를 하는 것입니다.

사람의 속은 좁습니다. 여러 사람이 있는 자리에서 '밴댕이 소갈머리' 얘길 해보세요. 다 자기 두고 하는 소린 줄 알고 얼굴이 벌개집니다. 그래요. 누구나 다 마찬가지입니다. 사람의 속이 넓어야 얼마나 넓겠어요. 어떤 사람은 넓은 속을 타고나고 어떤 사람은 좁은 속을 타고난 게 아닙니다. 다 인간은 좁은 속을 타고났습니다. 그러나 아무리 좁은 속이라 해도 그 속에 하나님의 마음이 부은 바 되면 그 속은 더 이상 좁지 않습니다. 세상 모든 사람을 그 속에 다 담을 수 있는 속 넓은 사람이 됩니다. 아버지의 마음은 하나님에게서 받는 마음입니다. 이 마음만 받으면 목회가 됩니다. 목회자가 행복해집니다. 목사의 품 안에 들어오면 모든 성도는 다 그 안에서 녹는 겁니다.

난 40대 중반입니다. 나보다 어린 청년들이 자식처럼 보인다는 거야 여러분도 이해할 수 있는 일이겠지요. 그런데 나보다 열 살이 더 많은, 아니 스무 살이 더 많은 분도 내겐 아들, 딸같이 느껴집니다. 난 가끔 올해 50이 넘은 아들도 있고 딸도 있다는 얘길 합니다. 우리 집 애들을 대할 때 느끼는 마음이 그대로 느껴집니다. 때로는 심통을 부리고 있는 것이 느껴질 때도 있습니다. 그런데도 예뻐요. 그러다 보니 성도들과 부딪치는 일이 거의 없습니다. 그게 밉고 큰 문제처럼 느껴져야 거기에 대응을 하지요. '응, 심통이 좀 났구먼. 영적 사춘기라 그런 거야' 하고는 지나갑니다.

언젠가 서삼화 집사가 극동방송과 인터뷰를 하면서 나를 친정아버지 같다고 하더군요. 참 좋았습니다. 시아버지도 아니고 친정아버지같이 느껴주니 행복하지요. 내게도 서삼화 집사는 삼화와 은애와 은진이입니다. 참고로 은애, 은진이는 내 딸들 이름입니다. 이러니 만나면 좋고 며칠만 보지 못해도 보고 싶은 거지요.

함께 일하는 교역자들을 대할 때도 아버지 마음이 있어야 합니다. 교역자들을 대할 때 주인 마음을 품으면 큰일납니다. 그들도 때로는 심통이 나기도 하고 잘못하기도 하고 영적 사춘기를 겪기도 합니다. 보스 마음을 품고 있으면 이것이 도전으로 간주됩니다. 그러면 한판 붙는 거지요. 재판장의 마음을 품고 있으면 정죄하게 됩니다. 그들도 아버지 마음을 품고 대해야 합니다. 아버지 마음이 아닌 경영자 마음을 품고 대하면 사고납니다. 실적이나 능력 위주로 그들을 평가하게 됩니다. 그러나 아버지 마음으로 대하면 다 용납되고 품어집니다.

늘 아버지 마음이 내 안에 머무는 것은 아닙니다. 아버지 마음은 이동성인가 봅니다. 가끔은 내 안에도 아버지 마음 대신에 다른 마음들이 머물 때도 있습니다. 그런 때는 내 마음이 무겁습니다. 편치

82

않습니다. 이때 처리한 일은 다시 되돌려야 합니다. 이런 마음을 품고 있으면 사람에 대해 실망합니다. 피로를 느낍니다. 목회가 힘들게 느껴집니다. 다시 아버지의 마음을 품고 일을 되돌리고 나면 그제야 행복해집니다. 삶이 혹 고단하게 느껴지거나 사람에 대해 실망하고 있다면 지금 내 안에 어떤 마음이 머물고 있는지 점검해봅니다. 아버지의 마음을 품은 목회자로 이 땅에서 머물다 하나님 아버지께 가고 싶습니다.

아버지의 마음은 좋은 일에는 자녀를 보내고 궂은일에는 아버지가 직접 달려가는 것에서도 드러난다. 해외에 나갈 기회가 있으면 부교역자들을 먼저 보낸다. 조 목사는 아직 미국에 한 번도 다녀오지 않았다. 젊은 목회자들을 보내 더 많은 학습의 기회를 갖도록 배려하기 때문이다. 인도, 몽골, 아프리카 수단 등에 책임자를 파송할 때도 부목사와 전도사를 먼저 보낸다. 또한 부교역자들에게 가능하면 설교할 기회를 많이 주고 설교를 잘하면 진심으로 기뻐하며 칭찬해준다. 얼마 전 김세열 선임 부목사가 금요 심야 기도회에서 설교를 했는데 조 목사가 누구보다도 감동받고 감격해 하는 모습을 보며 교인들은 아버지의 마음이 아니면 쉽지 않은 일이라고 입을 모았다.

조 목사는 사랑의 집 4호 광염학사에 입주할 때도 학생들에게 좋은 책상과 의자를 사주도록 했다. 자신이 쓰는 것은 값싼 것이나 중고품을 사용하면서 학생들에게는 좋은 것을 사주는 모습이 바로 아버지의 마음이다.

교회에는 공간이 부족한 탓에 담임목사 방이 따로 없다. 다른 교역자들과 함께 교회 사무실을 쓴다. 교회 사무실에는 두 종류의 의자가 있다. 여전도사들이 쓰는 좋은 의자와 남자 교역자들이 쓰는 낡은 의자가 그것이다. 여전도사들은 앉아서 전화하는 경우가 많고 육체적으로 연약하니 가장 좋은 의자를 사주었고 목사 자신과 남자 교역자들은 낡은 의자를 사용하기 때문이다.

지난해 10월 어느 날 갑자기 날씨가 추워지자 조 목사는 기름 아끼지 말고 쓰라고 광염학사 학생들에게 전화했다. 동시에 집이 없어 고생하는 수재민들이 생각났다. 추위에 컨테이너에서 떨고 있을 그들을 생각하며 안타까운 마음을 가지고 하나님께 기도했다. 그로부터 며칠 후 이랜드에서 수재민의 따뜻한 겨울나기를 위한 옷 보내기 운동이라는 10억짜리 프로젝트를 함께 하자고 제안해 왔다. 하나님께서는 긍휼한 마음을 품을 때 기적을 베푸시는 분이다.

교회에서 장사하지 않는다

'성난 예수님, 과격한 예수님.' 사랑의 대명사인 예수님이지만 성경을 보면 성전에서 장사하는 사람들을 책망하며 채찍을 휘둘러 내쫓고 돈 바꾸는 사람들의 돈을 쏟으며 상을 엎어버린 사건이 등장한다. 원수를 사랑하라고 가르친 예수님께서 세상이 놀랄 정도로 화를 내신 것이다. 예수님의 이 같은 분노를 심각하게 받아들인 사람이 조 목사다. 교회에서 장사하는 것에 대해서 그는 단호하게 반대한다.

광염교회에서는 아무리 좋은 취지를 갖고 있을지라도 장사는 허용되지 않는다. 성전은 성전다워야 한다는 것이다. 우리는 흔히 목적이 좋으면 수단을 정당화시키는 경향이 있다. 특히 고도성장 과정에서 '모로 가도 서울만 가면 된다'는 업적 지상주의가 판을 치면서 과정을 무시하기 일쑤였다. 그러나 기독교는 과정을 중시한다. 조 목사는 이렇게 말한다.

"이익금을 좋은 곳에 사용한다는 명목으로 교회 안에서 장사하는 것이 정당화되어선 안 됩니다. 바자회란 이름으로 하나님의 집을 장사하는 집으로 만들어선 안 됩니다. 바자회엔 한결같이 좋은 타이틀이 걸립니다. 십중팔구는 불우이웃 돕기이고, 나머지는 선교기금 마련입니다. 그러나 목적으로 수단이 정당화되지 않습니다. 그건 헌금으로 할 일입니다. 장사해서 얻은 이익금이 아니라 십일조로 해야 합니다.

동네 가게들은 지역에선 교회의 스피커 역할을 합니다. 여기서 오가는 말이 지역에 미치는 영향은 지대합니다. 동네 슈퍼나 가게에 들러 교회에 대한 정보를 먼저 얻는다는 단순한 사실 하나만 생각해도 교회가 장사하는 것이 남는 장사가 아님을 알 수 있습니다. 교회에서야 팔아도 그만, 안 팔아도 그만이지만 상점들은 그게 생업입니다. 자기네 상점에서 취급하고 있는 물건을 교회가 한 차 가득 떼다 파는 것을 이웃 상점들이 보면서 어떤 생각을 하겠어요? 답은 바로 나옵니다. 기업에서는 이미지 광고라는 것을 위해 수많은 돈을 사용합니다. 그런데 교회가 그 얼마 되지 않는 장사 이익금을 위해 거룩한 교회 이미지를 스스로 장사하는 곳으로 만들어서야 되겠습니까?"

　조 목사는 성전의 세속화를 경계하여 분노를 표출한 예수님의 말씀을 따라 교회에서 일체의 장사를 배제하였다. 이런 원칙 때문에 교회에서 바자회를 하거나 젓갈이나 떡을 팔아서 선한 일을 하는 것은 상상도 못한다. 그러나 각 성도회에서 좋은 일에 쓰겠다는 계획서를 제출하면 교회에서는 필요한 재정을 지원해준다. 계획서가 올라오지 않으면 일정 금액을 교회 재정에서 나누어주고 가서 구제하고 돌아와 교회에 보고하라고 한다. 교회 설교 테이프를 무료로 배포하는 것도 같은 이유다. 또 교회에서 전도용 시계, 우산, 티셔츠 등을 공급할 때도 항상 제작비의 일부를 교회 전도비에서 지원함으로써 교회가 성도들을 대상으로 이문을 남기는 일을 삼가고 있다.

　얼마 전 지방교회 목사 한 분이 광염교회의 전도 책자인 〈손이 없잖아요〉를 전도 도구로 사용하고 싶다고 문의해 왔는데, 조 목사는 광염교회 이름을 뺀 채로 제작해 사용할 수 있도록 했다. 심지어 외부에서 간증이나 찬양을 하러 오는 사람들이 가지고 온 책이나 테이프도 판매하지 못하게 한다. 이것은 섭외하는 과정에서 분명하게 밝힌다. 한 번은 간증하기로 한 분이 테이프를 판매해서 선한 일을 하겠다면서 재차 허락을 구했다. 그때 조 목사는 몇 개나 가져올 것이냐고 물었다. 100개쯤이라고 대답하자, 테이프 100개 값 30만 원을 교회에서 따로 지원할 테니 테이프는 가져오지 말아달라고 부탁했다. 조 목사가 교회에서 장사하는 것을 얼마나 철저하게 금하고 있는지 알 수 있다.

조 목사는 구역장들을 위한 교육에서 교회 내 장사 문제에 대한 신념을 그대로 토로하였다. 그는 "은퇴할 때 후임 목사에게 교회에서 장사하지 않겠다는 약속을 받고 싶다"고 했다. 그리고 "내가 만약 교회에서 장사하려고 하면 두 손 들고 막아달라"는 부탁까지 했다. 그는 어떤 유혹이 있어도 교회에서 장사하는 행위만은 삼가야 한다고 말했다. 이것이 예수님의 분노를 헛되게 하지 않는 지름길이다.

교회에서 장사하지 못하게 하는 가장 큰 이유가 예수님이 금하셨기 때문이지만, 또 다른 이유는 동네에서 장사하는 이웃들에게 상대적인 피해를 주지 않으려는, 그들을 배려하는 마음 때문이다. 조 목사는 "네 이웃을 네 몸과 같이 사랑하라"는 계명을 실천한다. 그는 일단 교회가 속한 지역 주민을 소중한 이웃으로 여긴다. 무엇보다 필요한 물품은 가능하면 동네에서 산다. 다소 비싸더라도 교회가 사주어야 교회 주변 사람들이 상대적인 피해의식을 떨쳐버릴 수 있기 때문이다.

근처 슈퍼마켓 주인은 불교 신자인데도 이런 취지를 이해하고 나서 때로는 도매 가격으로 물건을 공급해주기도 한다. 그는 새로 이사온 사람이 교회에 대해 물으면 "서울광염교회로 나가시오. 그 교회는 좋은 교회입니다"라고 소개해주는 교회의 열성 홍보요원이 되었다.

이런 이웃 사랑의 자세는 물건 사는 데에서 그치지 않는다. 지역 사회에 어려운 일이 닥치면 가장 먼저 찾아가는 단체가 조 목사가 단장으로 있는 한국기독교연합봉사단이다. 몇 해 전 인근 상가에서 불이 난 적이 있다. 이때 조 목사와 교인들이 천막을 치고 식사를 챙겨주고 이부자리를 공급하는 등 선한 이웃의 모습을 보여주었다. 이 모습을 보고서 감명받은 어떤 사람이 고마움의 뜻으로 "목사님, 언제 연설 한 번 들으러 가겠습니다"라고 했다. 교회를 한 번도 가본 적이 없는 그 사람은 설교라는 말을 몰랐기 때문에 연설이라고 표현했던 것이다.

또 매년 5월이면 지역 주민을 위한 어버이날 행사인 '이웃 어르신 초청 잔치'를 벌인다. 하루라도 행복한 날이 될 수 있도록 좋은 식당을 골라 맛있는 음식을 대접하는데, 매년 1천여 명이 넘는 노인들이 모인다. 청년부의 김혜정 씨는 2001년 이웃 어르신 초청 잔치에 참석했던 할머니가 가져다준 전도지를 보고, "마음 속에 뜨거운 감동이 일어나 내가 지금까지 상상하며 꿈꾸어오던 교회를 만났다"는 확신이 생겨 등록을 하게 되었다. 어른을 진심으로 섬기는 교회의 자세에 감명을 받은 할머니가 손녀에게 그 마음을 전달해준 것이다.

교회가 지역에서 사랑받지 못하고 배척당하는 대상이 된다면 하나님께 부끄러운 존재가 아닐 수 없다. 진리는 언제나 가까이 있는 법이다. 우리의 이웃을 사랑할 때 예수님의 사랑이 자연스럽게 전파될 수 있다. 이웃이 예수를 믿든 믿지 않든 현실적인 이웃으로 대접해야 한다. 불우이웃 돕기 역시 같은 맥락에서 출발하고 있다. 이웃의 불행을 감싸줄 의무가 우리 기독교인에게 주어진 사명이다. "내가 주릴 때에 너희가 먹을 것을 주었고 목마를 때에 마시게 하였고 나그네 되었을 때에 영접하였고"라는 하나님의 평가를 들을 수 있는 곳이 바로 우리의 이웃이다. 그리고 하나님은 바로 이들을 우리의 몫으로 남겨놓았다.

　이런 목회 철학을 이해하지 못하면 교회 돈을 허비하는 것으로 오해할 수도 있다. 당연히 동네보다는 대형 할인점이 값이 싸다. 그 가격 차를 얘기할 때마다 조 목사가 하는 말이 있다. "그 차액은 전도비라 생각하면 된다." 이 한마디에 사람들의 마음은 넉넉해진다. 조 목사는 최소한 우리의 이웃이 교회로 인해 손해를 보게 해선 안 된다고 생각한다. 주차나 소음 문제 등으로 동네 사람들에게 불편을 주면서 단지 물건값이 싸다는 이유 하나로 다른 곳에 가서 물건을 산다면 그건 상식적으로도 안 될 일이다.

　교회가 있는 것이 지역 발전에 얼마나 큰 힘이 되는가를 이웃이 느낄 수 있도록 해주어야 한다. 교회가 부흥하면서 동네 상점들도 함께 부흥해야 한다. 교회를 다니지 않는 동네 사람들마저 교회는 광염교회 같아야 한다는 말을 들을 때는 교회 사람들 모두가 뿌듯해진다.

절기헌금 전액을 구제비로 집행한다

광염교회는 부활절, 맥추감사절, 추수감사절, 성탄절에 들어오는 절기헌금 전액을 구제비로 사용하는 것으로 유명하다. 이러한 원칙은 10년 전 교회를 개척하고 처음 맞은 맥추감사절 때 정해졌다.

당시 조 목사는 다른 절기와는 달리 보리를 수확한 것에 감사를 드리는 맥추감사절은 가슴에 와닿는 게 약했다고 한다. 고민을 하면서 성경을 읽던 중 절기와 관련된 대부분의 구절에서 "객과 고아와 과부와 함께"라는 말씀에서 '함께'를 통해 아이디어를 얻었다. 불우한 이웃과 '함께' 나누는 것, 이것이 바로 절기의 깊은 뜻임을 발견하고 나서 곧바로 실천에 옮긴 것이다.

맥추감사 헌금을 전액 구제비로 지출하고 이어서 추수감사절에도 똑같이 구제비로 집행했다. 이런 과정을 통해 모두들 매우 큰 기쁨과 보람을 맛보게 되었다. 교회에서는 "모든 절기헌금은 구제비로 집행한다"고 선포하여 구제를 제도화했다. 구제활동을 생각날 때마다 하는 즉흥적인 행사가 아니라 절기마다 적극적으로 참여하는 제도로 만든 것이다.

물론 이 원칙을 집행하는 방법 역시 성경에 기반을 두고 있다. 조 목사는 유대인들의 '유월절 절기 지키는 법'에서 영향을 받았다. 유월절 제물은 다음날 아침까지 남겨두면 부정한 음식이 되고 만다. 이스라엘은 기후가 건조해서 고기가 며칠 만에 상하지는 않는다고 한다. 그런데도 다음날 아침까지 남겨두면 부정해진다고 한 하나님의 본심은 무엇일까. 이를 깊이 생각한 끝에 깨달은 게 바로 '나눔의 속도와 제도화'이다. 하루가 지나면 부정한 음식이 되니 빠른 시일 내에 이웃과 나누어 먹을 수밖에 없지 않은가. 조 목사는 이와 같은 하나님의 비밀을 광염교회에 적용하였다. 절기헌금은 특별한 경우를 제외하고는 절기가 끝나고 늦어도 2주일 이내에 모두 구제비로 집행한다.

광염교회에서는 구제를 실천할 때 중시하는 두 가지 성경 구절이 있다. 하나는 "너는 구제할 때에 오른손의 하는 것을 왼손이 모르게 하여"(마태 6:3)이고, 다른 하나는 "너희 빛을 사람 앞에 비치게 하여 저희로 너희 착한 행실을 보고 하늘에 계신 너희 아버지께 영광을 돌리게 하라"(마태 5:16)는 것이다. 이 두 구절은 언뜻 읽으면 모순처럼 들린다. 그러나 두 가지가 조화를 이룰 때 더욱 깊은 뜻을 나타낸다.

오른손이 하는 것을 왼손이 모르게 하라는 구절은 은밀한 중에 갚으시는 하나님을 바라보고 구제하라는 의미이다. 구제 현장에 가보면 의외로 냉담한 반응을 보이는 경우도 있다. 구제 대상자들은 대체로 자존심이 강한 것이 특징이다. 어떤 때는 다시 구제하고 싶은 마음이 싹달아날 때도 있다. 구제품을 들고 가서 받아달라고 사정하며 전해주고 온 적도 있다. 상대방이 "얼마나 고마워하고 기뻐할까" 하고 기대하고 갔는데 "그거 우린 필요 없어요. 도로 가져가세요"라는 싸늘한 말을 듣고 돌아설 때는 심한 좌절감을 느끼기도 한다. 특히 이런 실망감이 다가올 때 오직 하나님의 상(賞)만을 바라본다. 그래서 조 목사와 광염교회 사람들은 계속해서 구제활동을 할 수 있는 것이다. 동시에 교회는 빛을 사람들 앞에 비치게 하여 사람들이 기독교인들의 착한 행실을 보고 하늘에 계신 하나님께 영광을 돌리게 하는 일에도 열심이다. 개인의 이름이나 교회 이름을 나타내기 위함이 아닌 것은 물론이다. 한국 기독교가 빛으로 사람들 앞에 비쳐지도록 하는 것이다. 조 목사는 이 것을 옥토화 작업이라고 부른다.

구제활동의 대표적인 결실이 바로 사랑의 집 1호, 2호, 3호, 4호로 이어지고 있다. 2002년 부활절 절기헌금 역시 전액 구제비로 지출했다. 그때에는 10개의 남성도회에 각각 100만 원씩 지급하여 독자적으로 구제 계획을 세우고 집행하여 보고하도록 하였다. 모두가 구제의 전 과정을 계획하고 참여하도록 하기 위함이다. 각 남성도회에서는 자발성과 창의성을 십분 발휘하여 구제활동을 시작했다. 구제활동은 절기헌금에만 국한되는 것은 아니다. 언제든지 구제의 대상이 발생하면 달려간다. 특히 조 목사는 마음 아픈 사연을 들으면 그냥 넘어가지 못한다.

얼마 전 조 목사는 신문 기사를 통해 얼굴도 모르는 예비 목사인 젊은 강도사가 피부암으로 하나님의 부름을 받았다는 사실을 알고 잠을 이룰 수가 없었다. 최완규 강도사는 1년 동안의 목사 수련을 끝내고 안수를 불과 이틀 앞둔 36세의 젊은 나이에 아내와 세 자녀를 남겨둔 채 야속하게도 세상을 떠났다. 더구나 지하 셋방에서 햇볕을 보지 못해 피부암이 생겼다고 하니 조 목사의 마음은 더욱 무거워졌다. '하나님, 도대체 남은 가족들을 누가 어떻게 돌보아야 합니까'라는 물음이 떠나지 않았다. 밤잠을 설치던 조 목사는 다음날 저녁 최 강도사의 빈소가 마련된 강릉으로 달려갔다. 조 목사는 기독신문사 기자와 함께 유족을 위한 모금운동을 전개하기로 했고, 110만 원을 들여 〈기독신문〉에 유족돕기 운동 광고를 실었다. 교회에서는 유족에게 50만 원을 지원하기로 했다. 그리고 이번 기회에 주의 종이 되려다가 불의의 사고를 당할 경우 기독교계 차원에서 대책을 마련하는 일에 앞장서기로 했다.

보통사람이면 그냥 가십 기사로 읽고 넘겨버릴 일을 조 목사는 자신과 교회의 몫으로 받아들였던 것이다.

광염교회는 구제의 사각지대를 주목하고 있다. 우리나라에도 사회보장제도가 확충되면서 기초생활보장법이 마련되어 정부의 보호를 받아 최저생활을 꾸려가는 가정이 상당수 생겨났다. 그러나 여기에도 해당되지 않아 아직도 고통받는 불우이웃이 적지 않다. 교회가 나서지 않으면 이들은 대책이 없다.

조 목사는, 구제활동은 전도와 더불어 교회와 기독교인에게 부과된 기본 의무라고 말한다. 그는 〈연합공보〉와의 인터뷰에서 한국 교회가 구제비로 지출하는 비중이 점점 늘어나는 고무적인 소식을 전하며 절기헌금 전액을 구제비로 지출하는 교회가 더 많이 생기면 좋겠다는 소망을 피력하였다.

100만 원만 남기고
100퍼센트 공개하는 재정 원칙

돈은 모으는 재미와 쓰는 재미가 있다. 둘 다 중독성이 있다. 모으는 재미에 맛들이면 계속 모아야 하고 쓰는 재미에 빠져들면 계속 쓰게 된다. 부자가 아닌데도 돈 쓰는 재미에 푹 빠져 있는 곳이 바로 광염교회다. 조 목사와 교인들은 늘 돈을 얼마나 잘 쓸 것인가를 고민해야 한다. 그것도 매주 말이다. 조 목사가 교회 개척 때부터 이상한 원칙을 하나 정해놓았기 때문이다. 교회 재정 잔고는 100만 원을 유지하고 전부 집행한다는 방침이다.

사실 교회 개척 시절에는 재정 잔고 100만 원을 남기는 것 자체가 힘들었으니 이상할 것도 없는 원칙이었다. 그러나 헌금의 규모가 늘어나면서 이 원칙은 기적의 방망이 역할을 하고 있다. 남들이 상상하기 어려운 일들을 힘들이지 않고 척척 해냄으로써 역동적인 교회, 참신한 교회로 성장할 수 있는 원동력이 된 것이다.

우선 돈을 어떻게 쓸 것인가를 고민하다 보니 좋은 일만 보인다. 2002년 상반기에 일어난 돈의 씀씀이를 살펴보자. 부산 모라우리 교회 사택 보증금 및 월세 경비 지원 1600만 원, 고 최완규 강도사의 남은 가족 돕기 지원금 1170만 원, 이웃 어르신 초청 잔치 1500만 원, 광염장학금 3

천만 원, 광염학사 보증금 3천만 원, 캄보디아 광염대학 건축 지원금 7천만 원 등 교회의 규모에 비하면 천문학적인 액수를 지출하였다.

또 이 원칙을 지키다 보면 재정 문제로 분란이 생길 일도 없다. 돈이 쌓이다 보면 집행권을 놓고 갈등이 일어나고 다툼이 생길 수 있는데 쌓인 돈이 없으니 그럴 일도 없다. 하나님이 주신 재물로 하나님이 기뻐하고 성도가 보람을 느끼는 일에 사용한다는 집행 원칙을 갖고 돈의 사용처를 찾는 까닭에 기대와 보람이 늘 함께 찾아온다.

비축해둔 돈은 없지만 지출을 예상하고 계획을 세우면 신기하게도 거기에 맞는 재정을 충당할 수 있게 된다는 것이다. 광염교회는 원칙대로 늘 통장에 100만 원만 남기고 지출하지만 지금까지 돈 때문에 어려움을 당한 적은 거의 없다.

재정 잔고 100만 원선 유지 원칙을 세운 배경은 무엇일까.

'교회는 이익을 창출하는 곳이 아니며 성도들이 천국을 경험하는 곳이어야 한다'고 믿기 때문이다. 하나님이 맡겨둔 돈은 하나님의 영광을 위해 집행해야 한다고 생각한다. 물론 재정의 규모가 늘어나면서 인간적인 유혹도 받는다. 아직 자체 예배당도 없는데 집 짓는 데 돈을 모아야 한다는 주장도 만만치 않은 까닭이다.

그래서 한 번은 재정부에서 건축적금을 들자는 건의를 받아들여 한 달에 100만 원씩 돈을 모으기로 했다. 그런데 어느 날은 200만 원을 넣기도 하고 가능하면 돈을 남겨서 적금 액수를 늘리는 것을 보고 처음에 세운 원칙이 훼손되고 있음을 알아차리게 되었다. 하지만 조 목사는 재정 부원들의 고민을 이해할 수 있었다. 그는 오랜 망설임 끝에 결국 설교 중에 적금을 해약하고 싶다고 이해를 구했다. 적금은 곧바로 해지되었고 교회 재정은 다시 예전 모습으로 돌아갔다. 조 목사는 항상 정면 돌파의 방법을 선택한다.

유혹이 있을 때마다 공개하고 사람들에게 원칙을 지킬 수 있도록 기도해달라고 부탁하는 것으로 유혹에서 벗어나곤 한다. 신나는 목회, 행복한 목회, 존경받는 목회의 비밀이 바로 여기에 있다. 광염교회는 10년 동안 변칙을 거부하고 원칙을 지키기 위해 최선을 다해왔다.

재정 잔고 100만 원선 유지 원칙을 지키다 보니 돈을 쓸 때 아까운 생각이 들지 않는다고 한다. 교회에서는 매년 여름방학 때 청년들을 선교와 인재 양성이라는 두 가지 목적으로 해외 선교에 내보낸다. 2000년과 2001년에는 타이완에 다녀왔고 2002년에는 캄보디아에 80명의 청년들이 다녀왔다. 필요한 경비는 개인과 교회가 부담하지만 교회 지원금이 더 많아, 2002년에는 교회 부담분이 4천만 원이나 되었다. 그런데 이 돈을 만약 저축해놓은 예금통장에서 꺼내 쓴다고 생각하면 아까울 텐데, 이 원칙대로 보람있는 일에 쓴다는 확신만 들면 부담 없이 쓸 수 있다는 것이다. 바로 재정 잔고 100만 원선 유지 원칙이 뒷받침하고 있기 때문에 가능하다.

돈은 어떻게 관리하느냐에 따라 독이 되기도 하고 약이 되기도 한다. 돈은 투명성이 담보되면 올바르게 관리되지만 그렇지 않으면 잘못된 방향으로 운영되기 쉽다. 어떤 조직이든 열린 경영의 핵심은 바로 재정의 공개를 의미한다. 재정을 공개할 수 있다면 다른 부분을 공개하는 일은 어려운 일이 아니기 때문이다.

광염교회는 분기마다 재정 집행 내역을 설명하는 제직회를 열어 재정을 100퍼센트 공개하고 있다. 이 원칙은 교회 창립 때부터 지켜져왔다. 재정의 규모가 적을 때는 공개하는 게 어렵지 않다. 문제는 규모가 점점 커지면서 공개에 대한 부담과 비공개에 대한 유혹을 동시에 느끼게 된다는 데 있다.

담임목사는 재정은 당연히 공개해야 한다고 강조한다. 회계의 투명성 덕분에 지금까지 재정과 관련하여 소모적인 논쟁으로 에너지를 소진하지 않고 목사로서 하나님과 교인들 앞에서 무한한 자유로움을 누리며 목회하고 있다고 말한다.

광염교회는 재정부와 감사부를 따로 두어 견제 기능이 충분히 이루어지고 있다. 감사부에서는 교회의 각 기관에서 사용한 지출 내역을 회계 원칙에 입각하여 작성하도록 요구한다. 당연히 회계 처리에 대한 정확한 증빙 서류를 첨부하지 않으면 안 된다. 2001년 감사부에서는 재정부가 제출한 회계 관련 서류에 증빙서가 철저히 첨부되지 않았다며 감사 의견을 거부하는 바람에 제직회가 일주일 연기된 적도 있었다. 각 기관의 담당자들이 원칙대로 회계 처리를 하다 보니 힘들고 귀찮은 점도 있지만 그만큼 교회에 대한 신뢰감을 가질 수 있어 신앙생활에도 큰 도움이 된다.

감사부가 이처럼 철저하게 감사를 하기 때문에 재정부 역시 공개를 위한 만반의 준비를 갖추지 않으면 안 된다. 현재 재정부는 회계부 5명과 계수부 5명으로 구성되어 있는데, 전부 은행, 증권회사 등 금융기관에서 일하는 전문가들이다. 또 등록한 지 6개월 미만된 성도를 매년 1명씩 재정부에 투입하여 물이 고이지 않도록 유도하고, 5년 전부터 회계 전문 전산 프로그램을 구축하여 투명성을 한층 높이고 있다. 회계 내역은 수입과 지출의 모든 내용이 재정 보고회와 홈페이지에 상세하게 공개되기 때문에 비밀이 있을 수 없다.

사람들은 교회가 성장한 원천을 재정을 투명하게 공개하는 데서 찾고 있다. 재정의 투명성은 사람들에게 목사와 교회에 대한 신뢰감을 높여주기 때문에 오히려 헌금을 더 내고 싶은 마음이 생겨나게 만든다. 투명성이 확보되지 않으면 자신들이 내는 헌금이 어떻게 사용되는지에 대한 확신이 없어 헌금하면서도 기쁨이 감소될 터인데, 투명성이 보장되니 헌금하는 보람을 느낄 수 있다는 것이다.

100만 원선 유지 운동은 또한 속도(speed) 목회를 필수적으로 불러왔다. 잔고를 일정하게 유지하기 위해서는 빠른 시일 내에 집행을 하지 않으면 안 된다. 자연히 의사결정을 빨리 해야 한다. 속도 목회는 재정 집행 내용을 분기마다 100퍼센트 공개함으로써 보람과 신뢰감을 더욱 높여주고 있다. 재정을 투명하게 공개하는 제도도 이런 원칙들을 지켜나가기에는 더할 나위 없이 좋은 디딤돌이 되는 셈이다.

조 목사는 돈 쓰는 재미가 돈 모으는 재미보다 훨씬 크다는 것을 알았다고 한다. 그래서 예수님께서 가르쳐주신 "주는 것이 받는 것보다 복이 있다"는 말씀의 의미를 매일 체험하며 살아간다. 돈 모으는 데만 매달리는 사람은 돈 쓰는 재미를 몰라서 돈을 모으기만 하는 것이다. 예수님도 재물을 쌓아놓으면 좀먹고 부패한다고 경계하였다. 조 목사는 돈을 모으는 유혹에서 벗어나니 참자유를 만끽할 수 있다고 얘기한다. 만약 예배당을 지으면서 현재의 이 행복을 누릴 수 없다면 차라리 예배당을 짓는 쪽을 포기하겠다며 이 자유와 행복을 다른 것과 맞바꿀 수 없다고 한다.

어떤 사람이 조 목사에게 10년 전에 100만 원이면 그 동안 물가상승

률을 감안할 때 하한선을 상당히 올려야 하는 것 아니냐고 문제를 제기했다. 그러나 그는 "아직은 때가 이르다"고 고개를 가로젓는다. 공급하신 하나님께 영광을, 헌금한 성도들에게 보람을, 이웃에게 기쁨을 가져다주는 과정에서 그의 가슴은 늘 벅차오른다.

십일조로 구제하고 십일조로 선교한다

교회 헌금은 일반헌금과 목적헌금으로 구분할 수 있다. 일반 헌금은 십일조와 감사헌금 그리고 절기헌금이 있다. 반면에 목적헌금은 특별한 목적이 있는 헌금으로 건축헌금, 선교헌금, 장학헌금, 구제헌금 등이 있다. 또 하나 목적헌금의 변형된 형태로 찬조금이 있다. 찬조금은 체육대회, 교회창립 기념식, 수련회, 바자회, 특별 행사 등 교회의 각종 행사에 돈을 내는 자발적 혹은 비자발적 기부금을 말한다.

그런데 조 목사는 가능하면 목적헌금을 피하려고 해서, 교회가 설립 되어 10여 년이 지나는 지금까지 두 번 실행한 게 전부다. 개척 때 빌렸 던 예배당 보증금 중 1천만 원을 갚을 때와 예배당을 5층에서 3층으로 옮기면서 특별헌금을 했을 때이다. 모든 재정 집행은 일반헌금을 통해 서 충당하고 있다. 일반헌금은 당연히 하나님께 돌려드려야 할 것이므 로 교인들에게 저항감이 없다. 그러나 특별헌금이나 찬조금은 부담이 되는 경우가 적지 않다. 낼 수 있는 사람과 낼 수 없는 사람, 많이 내는 사람과 적게 내는 사람의 차등이 생기기 때문이다.

조 목사가 목적헌금과 찬조금을 멀리하는 이유는 간단하다. 모든 사 람들과 함께 하나님이 주신 자유 안에서 행복을 누리기 위해서다. 목적 헌금을 남발하게 되면 결국은 그것이 올무가 될 수 있다. 교회가 선한 일을 하는 것은 좋지만 그 일을 위해 헌금을 별도로 해야 한다는 부담이 생기면 선한 일을 하는 기쁨이 그만큼 사라지게 된다. 나중에 교회가 하는 일을 다른 이유로 반대하는 상황이 벌어질 수도 있다. 누구도 "나는 목적헌금이 부담되어 그 일을 반대한다"고 직설적으로 말하지는 않지만, 다른 명분을 내세워 그것을 반대하는 일이 발생할 수 있는 것이다.

거듭되는 목적헌금은 성도들에게 영적 피곤함을 안겨줄 수 있다. 교회가 특별헌금과 찬조금을 시도 때도 없이 걷기 시작하면 성도는 특별성도와 보통 성도로 구분이 되고 만다. 특별헌금이나 찬조금을 많이 내면 교회에서 중요한 일을 하는 것처럼 인식되기도 할 것이다. 그러나 특별헌금과 기부금을 제대로 내지 못하는 사람은 자기 할 일을 다하면서도 항상 의무를 충분히 하지 못하는 것 같은 죄의식을 갖게 된다.

차별이 있는 곳에서 모두가 행복을 맛볼 수는 없는 법이다. 예수님 앞에서는 어부도, 세리도, 문둥병자도, 의사도, 부자도, 가난한 사람도 다 소중한 존재다. 하나님 앞에서는 모두 천군 천사처럼 존귀한 자녀들이다. 다만 세상에서 그것을 구분하고 있을 뿐이다. 그러나 조 목사는 "교회에서는 이런 구분을 해서는 안 된다"고 강조한다. 왜냐하면 우리는 창조주의 형상대로 지음받은 위대한 피조물이고, 예수님의 지체이기 때문이다. 역할이 다를 뿐 높고 낮음이 있을 수 없다.

실제로 조 목사는 성도들이 목적헌금이나 찬조금에 익숙한 나머지 "십일조밖에 못한다"고 안타까워하는 얘기를 듣고 무척 놀랐다고 한다. 사실 십일조를 하는 것도 쉬운 일은 아니다. 그는 온전한 십일조를 드린다면 교회의 관리와 운영 역시 그 십일조를 기준으로 하면 된다고 말한다. 예배당 건축을 위한 목적헌금을 아직까지 계획하지 않는 이유도 같은 맥락에서 이해할 수 있다. 무리하게 교회 건축을 추진하여 사람들이 즐거움을 상실한 채 헌금하는 것을 원하지 않는다. 그는 몇 해 전 하나님께 "감사로 확장하라"는 선물을 받았다. 그때부터 매주 드리는 감사헌금을 예배당 확장비로 지출하고 있다.

비록 속도는 더디지만 걱정하지 않는다. 하나님께서 때가 되면 준비해 주시리라는 믿음을 갖고 있기 때문이다. 많은 교인들이 예배당 마련을 위해 빨리 건축헌금을 해야 한다고 주장하지만 조 목사는 아직 때가 아니라고 생각한다. 감사헌금이 쌓이다 보면 사람들 사이에 충분히 공감대가 형성될 것이고, 교회 건축은 그때 가서 생각할 문제라며 느긋해한다.

광염교회는 십일조로 구제하고 십일조로 전도한다. 수해가 났을 때 조 목사가 전하는 부탁이 인상적이었다.

"여러분, 수해 헌금 따로 하지 마십시오. 여러분들의 몫은 여러분들이 드린 십일조에서 500만 원이든 천만 원이든 필요한 만큼 수해 봉사에 사용하겠습니다."

광염교회 소식을 전할 때 "여러분들이 드린 십일조로"라고 시작하는 경우가 많다. 이처럼 일반헌금만으로 운영해도 부족함이 없고 감사와 기쁨이 넘치는 교회, 광염교회 사람들이 행복한 또 다른 이유이다.

사람을 키우는 목회, 사람이 크는 교회

조 목사 목회 철학의 키워드는 사람이다. 건물에 집착하지 않는 것이라든가 장학·전도·선교·구제에 앞장서는 일 모두가 사람을 키우기 위함이다. 교회의 10대 비전도 모두 사람 키우는 것과 연계되어 있다. 특히 '100명 이상의 목회자를 양성하는 교회, 100명 이상의 사회 최고 지도자를 양성하는 교회, 전 교인을 예수님의 제자로 양성하는 교회'라는 항목들은 조 목사가 인재 키우기에 얼마나 열정을 쏟고 있는가를 엿볼 수 있는 대목이다. 조 목사는 옥한흠 목사에게서 사람을 키우는 일에 대해 많은 영향을 받았다고 한다.

자신이 사람을 중시하니 함께 일하는 부교역자들 역시 한결같이 훌륭한 인물들이다. 부목사와 전도사 모두 능력과 태도 면에서 '탁월함'을 인정받고 있다. 광염교회는 주일 저녁 예배를 3부로 나누어 드리고 있다. 1부와 2부는 부목사와 전도사들에게 설교 기회를 주기 위해 마련하였고 3부는 조 목사가 맡고 있다. 목회자에게 설교가 차지하는 비중이 결코 적지 않기 때문이다. 조 목사는 "내 설교는 인터넷을 통해서 볼 수 있으니 가능하면 부교역자의 저녁 설교를 들은 후 손을 꼭 잡고 격려해주라"고 사람들에게 신신당부를 했고, 사람들은 그의 따뜻한 마음에 감동을 받았다.

김세열 부목사는 일반 대학을 졸업하고 광염교회 평신도로 있다가 조 목사의 권유를 받고 신학대학원에 진학한 후 오늘에 이르렀다. 조 목사는 "교회 개척 때부터 지금까지 함께 있어 주었기에 오늘의 광염교회가 가능했다"며 헌신적이고 겸손한 그에게 늘 고마워한다. 광염교회에서는 교회 10주년 기념 사업의 일환으로 '10주년 기념 교회' 개척을 목표로 정하고 김 목사에게 교회 개척 때 1억 원을 지원하기로 결정하였다. 이를 위해 현재 매달 300만 원씩 2년 동안 기금을 적립해나가고 있다. 자신들의 교회는 셋방살이에 만족하면서 부목사의 개척교회를 위해 1억 원을 지원하는 데서 조 목사와 교인들의 인재 양성에 대한 열정을 엿볼 수 있다.

조 목사는 부교역자 한 사람 한 사람을 보물처럼 소중하게 여긴다. 교역자끼리 서로 경쟁시키지 않는다. 대신에 서로 칭찬하고 격려하고 사랑으로 권면하는 가운데 미래의 훌륭한 목회자로 함께 성장할 수 있는 분위기를 만들어준다. 권성대 부목사는 노년부를 평안하게 인도하면서 노인들의 다정한 버팀목이 되었고, 캄보디아 선교에도 남다른 열정을 보여 그곳에 파송되었다가 선교활동을 담당하고 돌아왔다. 이도수 목사는 초등부를 헌신적으로 이끌면서 예수 제자 훈련과 직장인을 위한 선교사 훈련에도 특별한 은사가 있어 제자들을 양육하여 세상에서 빛과 소금이 되도록 인도하고 있다.

최주희 전도사는 심방을 통해 각 가정을 자상하게 돌보는 역할을 맡고 있다. 광염의 얼굴 이용숙 전도사는 좋은 인상과 지성을 바탕으로 새로 들어온 사람들에게 광염교회를 아름다운 교회로 각인시켜준다. 중후한 인상의 이철제 전도사는 천부적인 음악성을 타고나 사람들에게 찬송의 기쁨을 선물하고 있다.

이윤정 전도사는 주보 제작과 인터넷 방송을 담당하는데, 맑은 영혼을 간직한 이 전도사의 설교는 감동적이다. 이석진 전도사는 청년들에게 비전과 꿈을 심어주고 중국 선교에도 순수한 정열을 쏟고 있어 차세대 지도자로 떠오르고 있다. 성백철 전도사는 신세대 목자로서 중고등부의 스타가 되었고 주일 저녁 예배와 수요 예배 때 온몸으로 은혜를 듬뿍 나누어준다.

박신용 전도사는 따뜻한 마음과 능숙한 영어 실력으로 외국인부를 이끌며 세계화 시대의 리더로 발돋움해가고 있다. 김승순 전도사는 합심기도의 사명을 담당하여 사람들의 가슴 아픈 사연들을 묶어 합력하여 선을 이루도록 밤낮으로 기도의 불을 지피고 있다. 임지연 전도사는 어린아이의 친구가 되어 자랑스런 교회를 더욱 순수하게 만들어주고, 조범민 전도사는 인터넷 방송과 청년부를 지원하면서 미래의 꿈나무로 성장하고 있다.

조 목사는 이런 부교역자들이 너무 고맙고 기특해서 바라만 보고 있어도 흐뭇하다고 이야기한다. 최근에 합류한 박현덕 전도사를 맞이하면서 "마음에 머물던 형제와 함께 교회를 섬기게 되어 감격스럽고 흥분된다"고 속내를 드러냈다. 이러한 기대에 부응하여 현재 박 전도사는 사랑의 실천에 앞장서며 멋진 사진을 찍어 기쁨을 나누어주고 있다.

조 목사는 각 기관의 책임자를 임명할 때도 철저히 능력을 따져 일을 맡기고 일단 맡기고 나면 믿고 기다린다. 직분을 맡은 교인들은 자발적으로 움직이는 게 특징이다. 목사가 일일이 지시하지 않아도 알아서

척척 일들을 처리하고 있다.

조 목사의 사람에 대한 애틋한 관심과 사랑은 2001년 안수집사 28명의 임명을 축복한 글에도 잘 나타나 있다.

마음의 맑음이 입가의 미소로 표현되는, 마음이 넓은 참 좋은 사람 이종기 집사님, 오늘의 서울광염교회가 있도록 새로 온 성도들에게 기꺼이 자리를 내어준 바나바 진점식 집사님, 어쩌면 내 목회의 첫 열매요 바라만 보아도 좋은, 헌신과 기도의 사람 이동상 집사님, 언제 보아도 웃음 띤 얼굴로 사람의 마음을 편안하게 해주는 우리 교회의 보배 이창식 집사님, 하나님을 경외하며 하나님 앞에서 사는, 생활 속의 모범 신앙인 주상희 집사님.

예배 시간마다 설교를 빨대로 꽂아서 빨아들이는 목사의 충전기 최성락 집사님, 세월이 지나면 지날수록 그 진한 맛을 느낄 수 있는, 하나님 나라의 진국 이오연 집사님, 주님이 감동하실 수밖에 없을 정도로 청빈한 삶을 사는, 기독 경찰의 기준점인 유헌수 집사님, 예의바른 신사요 예수 봉사단을 위해 태어난, 재난 당하는 이들의 선한 이웃 서병석 집사님, 일하는 사람으로 하여금 신나서 일할 수밖에 없도록 만드는, 우리 시대의 피스메이커(peace maker) 박시완 집사님.

맡겨진 작은 일을 크게 여기고 성실하게 최선을 다하는, 우리와 함께 살고 있는 요셉 홍의곤 집사님, 하나님의 말씀을 액면 그대로 믿고 외치고 실천하고 있는 21세기 엘리야 박경준 집사님, 그 품에 한 번 안기기만 하면 어떤 불안함도 다 사라질 것 같은, 웃음과 평안함을 소유한 선한 사람 김한기 집사님, 말씀을 읽고 묵상하고 암송하는 일이 날마다의 삶인, 믿음의 뿌리가 깊고 사려 깊은 사람 박광수 집사님, 재정부 일을 다른 이에게 맡기고 주차 관리를 자원한, 그 누구 어떤 사람도 다 품고 나가는 큰 사람 전광옥 집사님, 기획력과 일 처리가 뛰어난 능력과 지혜와 재능을 겸비하고도 착한 사람 김태호 집사님, 사람을 세울 줄 알고 배울 것이 많아서 함께 여행을 떠나고 싶은, 박사 같지 않은 귀한 박사 김태환 집사님.

하나님을 향하여 늘 마음을 열고 목회자로 하여금 즐거움으로 목회하게 하는 아브라함 전영석 집사님, 모세의 얼굴에 있었던 광채는 그 얼굴에 머물고 다니엘이 정한 뜻이 그의 뜻인 선한 사람 박현국 집사님.

'의사들이여, 우리 교회 배상만 집사님을 보라!'고 외치고 싶은, 겸손과 온유의 사람 배상만 집사님, 리더십이란 선물을 섬김으로 사용 중인, 하나님의 마음에 합한 우리 시대의 다윗 선현호 집사님, 우리 교회 전도활동을 위해 하나님이 보내주신, 만나면 만날수록 함께 있고 싶은 전도 대장 김창수 집사님, 그 마음 가득히 하나님의 사랑을 담고 사는 외국인 형제들의 아버지, 존경하는 박용우 집사님…….

그는 사람을 키우는 데 목표를 두고 목회를 하다 보니 사람들과 함께 자신도 모르게 성장해 있음을 발견했다고 회고한다. 자나깨나 사람을 세우는 교회, 사람을 남기는 목회에 매달린다. 첫째도 사람, 둘째도 사람, 셋째도 사람이다. 그래서 광염교회에는 사람을 키우는 문화가 형성되어 있다. 조 목사는 바로 사람 속에서 기쁨과 감동과 환희를 맛보며 "사람을 낚는 어부가 되게 하리라"라는 말씀에 충성을 다하고 있는 것이다.

목회는 말로 한다

"너희 말이 내 귀에 들린 대로 내가 너희에게 행하리니"(민수기 14:28)라는 말씀이 조 목사의 인생을 바꾸어 놓았다. 20여 년 전 이 구절을 읽다가 자신은 지금까지 너무 부정적이고 비판적인 말을 많이 했다는 사실을 깨닫고 두려움이 밀려왔다. 그러나 회개하면 길이 있다는 얘기를 듣고 하늘을 날 듯이 기뻤다. 회개함으로써 기쁨을 얻고 새로운 능력을 가질 수 있다는 것을 그때 맛보았다고 한다.

이때부터 조 목사의 새로운 인생이 시작되었다. 부정적이고 비판적인 언어생활을 청산하고 긍정적이고 적극적인 언어생활로 180도 전환한 것이다. 그뒤 성경 말씀에 대한 연구를 시작하여 그 분야의 권위자를 능가할 정도로 인정을 받아 수년 전 언어생활 세미나를 개최하기도 했다. 교인들의 요청에 의해 2002년 5월에 나흘 동안 언어생활 세미나를 다시 열었다. 이 세미나는 대성황을 이루었고 참석자들은 많은 감동을 받았다. 세미나의 강의 내용을 보면 그의 언어생활을 실감할 수 있다.

첫째, 말에는 능력이 있다.

우리 속담에 '말이 씨가 된다'는 표현이 있다. 세상은 말로 시작되었다. 창세기 1장에서 하나님은 말로써 세상을 창조했다. "빛이 있으라"

고 말씀하시니 빛이 있었다. 성경은 말한 대로 이루어진 기록이다. 이스라엘 백성들이 이집트에서 해방되어 나와 광야에서 가나안을 정탐하며 한 말들이 그대로 이루어졌다. 가나안 땅을 정탐하고 돌아와서 보고할 때 여호수아와 갈렙은 가나안 땅에 들어갈 수 있다고 말했다. 그 말대로 여호수아와 갈렙은 그 땅에 들어갔다. 들어갈 수 없다고 말한 열 명은 그들 말대로 들어가지 못하고 죽었다. 열 명의 말을 듣고 광야에서 죽었으면 좋겠다고 말한 사람들 역시 그들의 말대로 광야에서 다 죽었다. 이처럼 말의 힘을 깨닫고 난 뒤 조 목사는 세상이 달라 보였다.

인간은 누구나 자신이 뱉은 말을 심을 밭을 갖고 있다. 원망하고 불평하고 염려하고 근심하는 씨를 뿌리면 그것이 밭에서 자라 어떤 것은 싹이 빨리 나고 어떤 것은 느리게 나는 것이 다를 뿐, 분명한 것은 그 뿌려진 말의 씨가 자란다는 사실이다. 언젠가는 그 열매를 먹게 된다.

조 목사는 "교회를 설립할 때 10대 비전을 세우고 꿈을 주보에 적었다. 그리고 그후에도 계속해서 말하면서 꾸준히 주보에 적어나갔다"라고 말한다. 마찬가지로 한국 교회에 대한 꿈도 적어나갔다. '천국을 경험하고 천국을 확장하는 교회, 우는 이와 함께 울고 웃는 이와 함께 웃는 교회, 어머니 품속 같은 교회, 한국 교회는 하나입니다'를 지속적으로 외치며 적어나갔더니 그대로 되더라는 것이다. 이런 그를 처음에는 믿지 않으며 비난하는 사람도 있었지만, 지금은 그의 말대로 변하고 있는 모습을 눈으로 확인하기 때문에 그의 비전과 꿈을 부인하지 못한다.

둘째, 생각은 자신과 말하는 것이다.

말에는 남에게 소리를 내어 표현하는 말 자체뿐만 아니라 자기 자신과 나누는 생각도 포함된다. 그러므로 자신과의 대화에서도 말을 잘하지 않으면 안 된다. 하나님은 멀리서도 들으시고 응답하시기 때문이다. 욥이 환란을 겪을 때 "나의 두려워하는 그것이 내게 임하고 나의 무서워하는 그것이 내 몸에 미쳤구나" 하면서 한탄했다. 그는 행복하게 잘살던 시절, "만약에 나의 가족이 불행해지면, 재산을 잃게 되면 어떡하나" 하고 늘 걱정했는데, 그것이 현실로 나타나버렸던 것이다. 염려하고 두려워하면 그것들은 얼마 뒤에 실현된다. 때문에 두려움과 염려가 밀려올 때 그대로 방치해서는 안 된다. 최대한 빨리 그 파장이 계속되는 것을 막고 끊어야 한다. 바로 기도를 통해 중단시켜야 한다. 기독교인들이 기도에 매달리는 이유가 바로 여기에 있다.

셋째, 말은 치유하고 파괴하는 능력을 함께 가지고 있다.

말하는 능력은 인간을 만물의 영장으로 만든다. 우리는 말로써 자신과 다른 사람을 치유할 수 있다. 절망에 빠진 사람을 위로하고 병든 사람을 치료할 수 있는 게 말이다. 긍정적인 말, 자신감을 주는 말은 상대방에게 능력을 심어준다. 칭찬으로 사람을 추켜세우는 것도 바로 말의 힘을 믿기 때문이다. 자녀에게도 "너는 하나님이 항상 함께 하시니 잘 될 수밖에 없어. 장차 우리나라를 이끌어갈 위대한 지도자가 될 거야"라고 지속적으로 말해주면 그대로 이루어진다고 한다.

동시에 말은 파괴하는 능력도 갖고 있다. 날카로운 말, 독한 말, 비난하는 말, 무시하는 말, 멸시하는 말 등은 그대로 상대방을 파괴시킨다. "미치겠네, 속상해 죽겠네, 열 받아 죽겠네"라는 말을 달고 다니는 사람들은 결국 자기 자신과 듣는 사람들을 파괴시키는 역할을 한다. 말은 인격의 표현이다. 치유하는 말을 하는 사람과 파괴하는 말을 하는 사람의 인생은 달라질 수밖에 없다.

넷째, 사람은 말로 살아간다.

"말이면 다냐"는 질문을 자주 듣는데 사실 '말이 다다'가 그에 맞는 대답이다. 조 목사는 말로 목회하고, 말로 자녀를 교육하고, 말로 정치하며 모든 것은 말로써 한다고 자신 있게 말한다. 어떤 종류의 말을 하느냐에 따라 인생이 결정된다. 말은 그만큼 중요한 역할을 한다. 좋은 말은 좋은 열매를 맺고 나쁜 말은 나쁜 열매를 맺는다.

말의 비밀을 터득한 후 조 목사는 항상 긍정적인 말, 건설적인 말, 사랑이 넘치는 말만 하며 살아왔다. 1년이 지나고 10년이 지나고 20년이 지나면서 자신이 남긴 말들이 하나하나 이루어지고 있음을 본다. 교회설립 10주년 기념 예배가 있던 날, 〈기독신문〉의 박 에스더 국장은 "초창기 교회 개척 시절에 서울광염교회의 10대 비전을 담은 전도지를 보고 비현실적인 이야기라며 이상하게 생각했으나 그 비전이 성취되어가는 오늘의 모습을 보면서 오히려 진한 감동을 느낀다"며 자신의 생각이 모자랐음을 공개적으로 사과했다. 조 목사의 "현재는 과거에 심은 말의 결과이며 미래는 오늘 심은 말의 결과이다"라는 말이 실감나는 순간이었다.

조 목사의 설교가 감동적인 다섯 가지 이유

목사의 설교가 교인들에게 미치는 영향력은 적지 않다. 물론 이론적으로야 목사를 보고 교회에 가는 게 아니라 하나님 말씀인 성경에 충실하면 된다고 하지만, 광염교회 사람들이 행복한 신앙생활을 하는 데 조 목사의 설교가 중요한 역할을 하는 것은 숨길 수 없는 사실이다. 매번 감동적인 설교를 들은 사람들은 다음 설교 시간을 기다린다.

영국에서 살다 귀국한 김병혁 집사는 영국에서 주일 낮 예배만 참석하는 소위 선데이 크리스천이었다고 한다. 그런데 광염교회에 온 후 주일 대예배뿐만 아니라 저녁 예배, 수요 예배에 반드시 출석한다. 설교에 늘 감동을 받기 때문에 하루라도 빠지면 손해라는 생각이 들 정도로 변화된 자신의 신앙생활에 스스로 놀라고 있다.

또 교회에 나온 지 2주 만에 등록한 지명림 집사는 원래 한 달 정도 다녀본 후 등록할 생각이었다. 적어도 한 달은 관찰해보아야 목사와 교회에 대한 종합적인 판단이 어느 정도 가능하다고 생각했기 때문이다. 하지만 그녀는 첫 번째 설교에서 전기가 통하는 깊은 감명을 받았다. 그리고 앞뒤 가릴 것 없이 그 다음주에 곧바로 등록을 했다.

이처럼 담임목사의 설교가 사람들을 감화시키는 이유는 무엇일까?

첫째, 설교를 철저히 준비하기 때문이다. 그는 설교 내용을 묵상하고 또 묵상하면서 완전히 자기 것으로 만든다. 그는 형식적인 설교를 원치 않는다. 목사 역시 설교하면서 스스로 하나님의 사랑을 확인한다고 말한다. 이러한 철저한 준비와 적극적인 태도는 원고 없이 설교하도록 만들었다. 설교를 준비하는 가운데 요점만 정리하고 나머지는 강단에서 솟아나는 영감에 따라 설교를 한다. 때문에 힘있고 자연스러움이 배어 있는 감동적인 설교가 가능한 것이다.

둘째, 언행일치의 삶을 살기 위해 최선을 다하기 때문이다. 좋은 얘기만 늘어놓고 실천이 따르지 않으면 자신이 한 말은 부메랑이 되어 돌아오게 마련이다. 그러나 조 목사는 하나님께 결재 받는 자세로 생활한다. 하나님을 향한 열정과 순수성이 그의 말과 삶 속에 농축돼 있다. 그래서 그가 인용하는 예화는 책이나 신문에 나온 얘기가 아니라 자신이 목회생활 중에 실제로 겪었던 일들을 제시하는 경우가 많다. 자신의 경험과 관찰한 내용을 말하기 때문에 그의 설교에는 생동감이 있다. 말과 행동이 함께 하지 않으면 그토록 감동을 주기는 어려운 일이다.

셋째, 그의 설교는 유머가 있어 지루하지 않다. 리더십의 중요한 자질 중 하나가 유머 감각이다. 내용이 좋아도 듣는 사람이 지루하면 그 효과는 반감될 수밖에 없다. 하지만 유머와 적절한 사례를 들어가며 전하는 그의 설교는 몇 번의 웃음을 자아낸다. 또 성경을 목사와 신도가 번갈아가며 읽기 때문에 교인들도 참여 의식이 저절로 생긴다. 아울러 옆사람에게 "당신은 귀하신 분입니다", "당신이 있어 우리는 행복합니다"라고 얘기하도록 권유한다. 일방적 설교가 아니라 사람들과 호흡하는 설교를 함으로써 참여의식을 높이고 지루함을 걷어낸다.

넷째, 자신의 약점과 실수를 인정하는 겸손한 자세를 갖고 있기 때문이다. 그의 설교에는 진솔한 고백이 담겨 있다. 사모를 힘들게 했던 일, 자신의 마음 속에 들어 있는 근심, 자신의 연약함, 설교 말씀대로 행동하지 못했던 안타까운 심정 등을 솔직하게 내어놓고 회개하며 사람들의 이해와 기도를 간구한다. 목사가 하늘에서 떨어진 존재가 아니라 보통사람들과 마찬가지로 실수하고 상처받은 모습을 그대로 보여줌으로써 동질감을 느끼게 하는 것이다. 목사가 스스로 낮아지기 때문에 사람들은 목사를 저절로 높이게 된다.

다섯째, 생활에 적용할 수 있는 양식을 공급해주기 때문이다. 설교의 효과는 그 말씀이 세상에 사는 동안 얼마나 영향을 줄 수 있느냐에 달려 있다. 설교가 실제 삶 속에서 나침반의 역할을 한다면 성공한 설교라고 볼 수 있다. 담임목사의 설교는 성경 말씀을 세상에서 구체적으로 적용하는 방법도 함께 제시해주기 때문에 일상의 삶에 중요한 영향을 미치게 된다. 원론과 각론을 동시에 공급해주므로 사람들은 이론과 방법을 전수받고 세상에 나가서는 매뉴얼대로 실천하면 되는 것이다.

다른 교역자들의 설교 역시 감동을 주기는 마찬가지다. 희한한 것은 3부로 나뉘는 주일 저녁 예배의 설교자가 각각 다른데도 참석하는 교인 수는 비슷하다는 것이다. 이런 담임목사를 중심으로 다른 교육 기관을 맡은 목사와 전도사들 모두 제몫을 톡톡히 해내고 있기 때문이다.

|제3장|

삶의 지혜를 주는 조 목사 칼럼

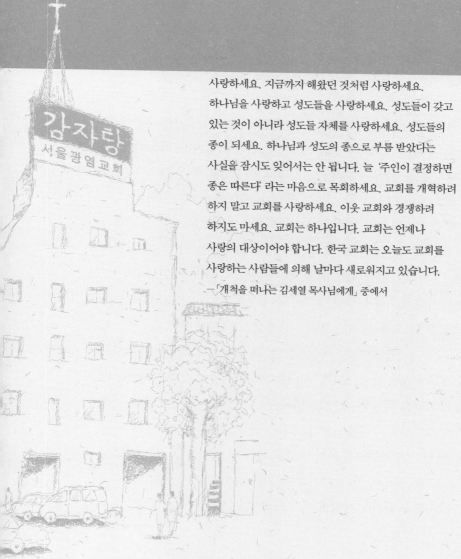

사랑하세요. 지금까지 해왔던 것처럼 사랑하세요.
하나님을 사랑하고 성도들을 사랑하세요. 성도들이 갖고
있는 것이 아니라 성도들 자체를 사랑하세요. 성도들의
종이 되세요. 하나님과 성도의 종으로 부름 받았다는
사실을 잠시도 잊어서는 안 됩니다. 늘 '주인이 결정하면
종은 따른다' 라는 마음으로 목회하세요. 교회를 개혁하려
하지 말고 교회를 사랑하세요. 이웃 교회와 경쟁하려
하지도 마세요. 교회는 하나입니다. 교회는 언제나
사랑의 대상이어야 합니다. 한국 교회는 오늘도 교회를
사랑하는 사람들에 의해 날마다 새로워지고 있습니다.
　　　　　　　　─「개척을 떠나는 김세열 목사님에게」 중에서

95를 주목하라

사람 몸의 구조는 참 알다가도 모르겠습니다. 왜 가만두면 안 좋은 쪽, 부정적인 쪽으로 기우는 걸까요? 실패하기 위해 사람이 뭘 해야 할 필요는 없습니다. 그냥 가만 있으면 실패합니다. 낙심하기 위해, 원망하고 불평하는 사람이 되기 위해, 서운함을 품기 위해, 타락하기 위해 사람이 뭘 해야 할 필요는 없습니다. 그냥 가만 있으면 됩니다.

사람의 이런 본성을 알고 인생 길을 걸으면 그 걸음이 훨씬 가볍습니다. 가만히 돌아보세요. 여러분 주변에 여러분에 대해 좋게 생각하고 여러분의 위로자가 되고 힘이 되는 사람들이 얼마나 많습니까? 그들을 생각하기만 해도 즐겁고 힘이 납니다.

그런데 참 안타깝게도 우리는 대부분 그런 사람들을 생각하는 데에는 거의 시간을 할애하지 않는 반면, 자신에 대해 부정적이고 자신을 좋아하지 않는 사람, 자신을 비난하는 사람들을 생각하는 데에는 너무 많은 시간을 할애한다는 사실입니다. 자신을 좋아하는 사람과 자신을 싫어하는 사람의 비율이 95 대 5 정도인데도 5를 생각하는 데 95를 사용한다는 사실입니다. 이런 구조 속에 살면 당연히 늘 우울하고 슬프고 괴롭고 짜증이 나는 거지요. 자기를 싫어하고 비난하고 부정하는 것이 기쁘고 즐거운 사람이 어디 있겠어요. 생각하면 생각할수록 화가 나고 우울해지고 기운 빠지는 일이지요.

아무리 많은 사람이 그 사람에 대해 좋게 생각하고 존경한다 할지라도 당사자가 늘 자신을 안 좋게 여기고 자신을 무시하고 싫어하는 사람만 생각하며 지낸다면 그는 참으로 안타까운 인생을 사는 거지요. 나는 이런 원리를 몸에도 적용해봅니다. 내 몸의 거의 대부분은 건강합니다. 다만 한 곳이 연약합니다. 그게 간입니다. 몸 전체의 비율로 따지면 간이 차지하는 비중은 미미합니다. 그런데도 내 몸의 구조는 가만두면 온통 간에 집착하게 되어 있습니다. 그러나 그렇게 하면 할수록 내 간엔 안 좋습니다.

여러분들을 둘러싸고 있는 환경도 마찬가지입니다. 지금 이 글을 읽는 분들을 둘러싸고 있는 상황을 한번 살펴보세요. 좋은 일이 얼마나 많습니까? 대부분 저녁이면 돌아갈 집이 있고, 사랑과 위로를 나눌 가족이 있고, 저녁을 지어먹을 쌀이 있습니다. 참 좋은 일이 많지요. 물론 누구에게나 한두 가지 안 좋은 일은 있습니다. 그러나 그 비율은 95대 5 정도입니다. 그런데도 여전히 많은 사람들이 이 5에 95의 신경을 쓰면서 인생을 힘들게 삽니다.

손아랫동서 중에 검찰에 근무한 적이 있는 사람이 있습니다. 그는 지금 차를 몰고다닙니다. 그러나 검찰에 있는 동안에는 차를 사지 못했습니다. 안 산 게 아니라 못 샀습니다. 이유인즉 그 동서가 매일 처리하는 일이 교통사고였기 때문입니다. 그는 날마다 교통사고 속에서 살았습니다. 사고 없이 잘 운행되는 차의 비율이 실제로는 훨씬 높음에도 그 동서에겐 사고 차의 비율이 훨씬 크게 느껴졌던 것입니다.

이게 사람의 본성입니다. 그렇기 때문에 이제 우린 주님의 말씀을 들어야 합니다. 염려하지 말라는 말의 의미가 바로 5를 위해 95를 쓰지 말라는 것입니다. 항상 기뻐하라는 말씀의 의미 역시 같습니다. 너의 염려를 다 주께 맡겨버리라는 말씀의 의미는 5는 주님께 맡기고 너는 95에 주목하며 행복하게 살라는 겁니다. 비판하지 말라는 말씀의 의미도 마찬가지입니다. 다른 사람의 5에 95를 쓰지 말라는 말입니다.

"너희가 피곤하여 낙심치 않기 위하여 죄인들의 이같이 자기에게 거역한 일을 참으신 자를 생각하라." 여기서 '자기에게 거역한 일'이 바로 5입니다. 주님은 우리에게 5를 생각지 말고 자기에게 거역한 일을 참으신 자를 생각하라고 말합니다. 그분이 바로 예수입니다.

서운함론

학교를 졸업한 지가 꽤 된 것 같습니다. 제목 끝이 논(論)으로 끝나는 글을 써본 지도 오래되었네요. 물론 이 글이 논문 형식이 아님에도 제목 끝에 논자 하나를 붙여봅니다. 서운함에 대한 관리, 이걸 어떻게 하느냐에 대인관계의 성패가 달렸다면 너무 심한 표현인가요? 먼저 서운함을 논(論)하고 나서 보지요.

서운함은 커지는 성향이 있습니다. 서운함이 우리 안에 들어올 때는 아주 작게 들어옵니다. 아주 대수롭지 않은 것처럼 들어옵니다. 그러나 이것이 우리 안에 들어온 후에는 아주 급속하게 커질 가능성이 많습니다. 자기 자신과의 대화를 통해 서운함을 키우는 거지요. 우리는 일반적으로 이렇게 말합니다.

"거, 곰곰이 생각해보니 괘씸하구먼."

서운함은 모든 미움의 뿌리입니다. 혹 누군가를 미워하고 있다면 한번 살펴보십시오. 거기 분명 서운함이 있을 겁니다. 그가 우리를 서운하게 한 어떤 말이나 일이 있을 겁니다. 더 정확하게 말하면 그의 말이나 행동에서 우리가 서운함을 느낀 경우지요. 이 서운함이 자라 미움이 되는 겁니다. 서운함이 미움으로 발전되는 중간 단계가 실망입니다.

여기서 우리가 쉽게 얻을 수 있는 결론이 하나 있지요. 미워하지 않기 위해서는 서운함을 잘 관리해야 한다는 겁니다. 이 서운함을 잘 처리하지 못하면 우린 많은 사람들에게 실망하여 돌아서서 홀로 지내야 할지 모릅니다. 내 편에서 먼저 실망하고 그와 거리를 두고 돌아서는 형식을 취하긴 하지만 결과적으로 내 주변에서 점점 사람들이 사라져 간다는 사실입니다.

서운한 마음이 들었을 때는 결정을 하지 마세요. 서운함을 품고 하는 결정은 대부분 곧 후회하는 결정들이 될 것입니다. 왜냐하면 그때 내린 결정엔 갚음이 들어 있게 마련입니다. 갚음이 좀 약한 것 같으면 앙갚음이라고 이해해도 됩니다. 물론 외형적으론 그런 형식을 취하진 않겠지만 서운함을 품고 내린 결정엔 갚음이 들어 있음을 부인할 수 없습니다. A에게 서운함을 품고 B에게 어떤 결정을 내리는 경우도 마찬가지입니다. 이럴 때일수록 B에게 내려지는 결정은 좋은 것들입니다. 모르는 사람은 B를 좋게 하는 결정이니 그게 사랑이요 자비인줄 알지만 그건 A에 대한 서운함에 대한 갚음인 경우가 많습니다. 다른 사람은 몰라도 하나님과 자신은 알지요. 사람은 B에게 한 것만 보지만 하나님은 그 상황에서도 우리의 A를 향한 갚음을 보시는 겁니다.

서운함을 잘 관리하기 위해서는 우선 서운함이 내 편이 아니라는 사실을 알아야 합니다. 서운함은 날 위로해주는 척하면서 다가오지만 실상은 날 해하러 오는 겁니다. 아마 여러분들이 서운함의 정체만 파악하고 있어도 서운함을 미움으로 키우는 우(愚)는 범하지 않을 것입니다.

일단 서운함이 안 들어오는 게 제일이지만 들어왔다고 가정해봅시다. 그땐 어떻게 해야 하나요. 이때 자신을 생각하지 마십시오. 정확히 말하면 자신이 그에게 한 선한 일을 되새기지 말라는 것입니다. 그렇지 않으면 서운함은 더 커집니다. 오히려 반대로 그가 당신에게 했던 선한 일을 떠올리십시오. 그래야 서운함이 더 커지지 않습니다. 이것이 여러분 안에 들어와 있는 서운함을 물리치는 가장 좋은 방법입니다.

사람에 대한 독점욕

나하고만 친한 줄 알았던 친구가 어느 날 다른 친구와 친하게 지내는 모습을 보면 어떤 마음이 들던가요? 살면서 한번쯤은 모두 경험한 일입니다. 청년들이 담당 전도사님이 보낸 이메일을 받고는 다른 친구들에게도 전도사님의 이메일이 왔는지를 확인해봅니다. 어떻게 하면 단체메일을 개인메일처럼 보낼까? 여러 사람에게 메일을 보내는 이들의 공통된 고민입니다.

일반적으로 탐욕이라 하면 물질에 대한 욕심을 많이 생각합니다. 나 역시 그랬습니다. 성경을 읽다가 탐욕이란 단어가 나오면 그냥 넘어가곤 했습니다. 물질에 대한 욕심에서는 어느 정도 벗어난 것 같다는 마음이 있었기 때문입니다. 그런데 지난 수요일 설교를 하면서 탐욕이란 단어를 만났는데 그 말씀이 내 안으로 다가왔습니다. 그러고는 내 마음을 찔렀습니다. '내 마음을 주의 증거로 향하게 하시고 탐욕으로 향치 말게 하소서'란 시편 기자의 고백이 나를 찔렀습니다. 이 말씀을 읽는 중에 하나님은 내게 물질에 대한 욕심만이 탐욕이 아님을 일러주셨습니다. 사람에 대해서도 탐욕이 생길 수 있다는 사실을 일러주셨습니다. '사람에 대해 독점하려고 하는 마음, 그것도 탐욕이다.' 주님이 주신 깨달음입니다.

우리가 어떤 친구와 친하게 지냅니다. 그러다가 어느 날 그 친구가 다른 친구와 친하게 지내는 모습을 보면서 왠지 배신당한 듯하고, 소외된 듯한 느낌이 듭니다. 이것이 바로 탐욕입니다. 그것을 이번에야 깨달았습니다. 목사인 내 안에서 이 탐욕을 발견한 것입니다. 성도들을 독점하려는 마음이 내 안에 있음을 보았습니다. 목사가 이 탐욕을 걷어내지 못하면 그 앞에서 성도들은 다른 사람, 특히 다른 목회자들에 대해 모두 시큰둥한 반응을 보여야 합니다. 그렇지 않으면 목사의 안색이 금세 바뀌면서 힘들어하기 때문입니다. 성도 입장에서 다른 목회자와 좋은 관계를 맺는 것이 죄가 아님에도 불구하고 그 사실을 목사에게 숨기고 은밀하게 해야 합니다. 가능하면 다른 교회 목회자와 관계를 맺고 있다는 사실을 드러내지 말아야 합니다. 더군다나 다른 목회자를 칭찬하는 일은 금기 사항이 됩니다.

비단 목사의 경우뿐만 아닙니다. 성도들의 경우에도 그럴 수 있습니다. 목사를 독점하고 싶은 마음이 들 수 있습니다. 이것 역시 탐욕입니다. 만약 이런 성도가 있다면 목사는 그 앞에서 다른 성도에게 친절하게 대하거나 칭찬을 해선 안 됩니다. 그의 눈치를 보아야 하기 때문에 일부러 불친절하고 무뚝뚝하게 대해야 합니다. 마치 성도들이 담임목사 앞에서 다른 목사에게는 전혀 관심이 없다는 듯한 태도를 취해야 하는 것과 마찬가지입니다. 선배 목사님에게 들었던 말이 생각나네요.

"조 목사, 성도들을 칭찬할 때는 은밀하게 해야 하네. 혼자 있을 때는 아무리 칭찬을 많이 해도 괜찮지만 다른 성도들이 있을 때는 칭찬하지 말게나. 다른 사람 앞에서 칭찬하면 그를 힘들게 하는 일이 되네."

돌이켜 생각해보니 사람 안에 탐욕이 있음을 일러준 말입니다.

이번에 내 안에 있는 사람에 대한 독점욕을 발견하고 처음엔 그것을 사랑이라고 합리화했습니다. 성도를 보호하기 위함이라고 강변했습니다. 그러나 주님은 내 합리화에 넘어가지 않으셨습니다. 결국은 고백했습니다.

　'주여, 내 안에 성도들을 독점하려는 탐욕이 있나이다.'

　그후에야 나는 자유로울 수 있었습니다. 이번에 깨달았습니다. 마땅히 회개해야 할 일을 합리화하는 과정에서 고통과 괴로움이 생기게 됩니다. 사람을 독점하려는 탐욕을 사랑이라고 합리화하면 고통스럽고 괴롭습니다. 우선은 본인이 고통스럽고 그 다음엔 상대가 고통스럽습니다. 목사가 마땅히 회개해야 할 죄를 합리화한다면 그것으로 인해 성도들은 괴롭습니다.

　사람을 독점하려는 마음을 품은 채 살면 고통스럽습니다. 어떻게 하시렵니까? 이 탐욕을 마음에 담고 있으면 우리 주변은 흉보는 사람들로 가득찹니다. 탐욕이 칭찬과 격려를 용납하지 못하기 때문입니다. 그러나 탐욕을 버리면 우리 주변에 칭찬과 격려가 살아납니다. 거기서 새 창조의 역사가 시작됩니다.

당신이 있어 아름다운 세상

가난한 이웃과 함께 나눌 것은 적은데 나눌 사람은 많은 때가 있었습니다.

'하나님, 명절을 맞아 더욱 쓸쓸해할 이들을 위해 함께 나눌 수 있게 하소서.'

목욕탕에 앉아서도 그 생각만 했습니다. 당시 교회 재정으로 할 수 있는 일은 돼지를 한두 마리 잡아 어려운 이웃들에게 나누어주는 것이었습니다. 그러면서도 난 계속 주님께 답을 구했습니다.

그때 하나님이 주신 아이디어가 가락동 청과물 시장에 가서 팔다 남은 과일을 상인들에게 기증받아 어려운 이웃에게 전달하는 일이었습니다. 어디서 들은 바도 본 바도 없었지만, 믿음 반 모험 반으로 전단지 몇백 장 복사해 가지고 10여 명의 성도들과 함께 가락동 시장으로 갔습니다. 따라나서는 성도들도 대단하지요.

상인들에게 전단지를 돌리고 조마조마한 마음으로 기다리고 있는데, 놀라운 일이 벌어졌습니다. 여기저기서 전화가 걸려왔습니다. 과일 한 상자 정도 기증해주실 줄 알았는데 놀랍게도 열 상자에서 수십 상자의 과일을 기꺼이 기증해주시는 것이었습니다. 놀라고 당황한 것은 우리였습니다. 그날의 감동은 지금도 잊을 수 없습니다. 그날 밤 자정이 넘은 시간까지 사랑의 과일을 나누었습니다.

이렇게 시작한 사랑의 과일 나누기가 이제 햇수로 벌써 4년이 되었네요. 여기에 2000년 9월 16일자 〈국민일보〉에 보도되었던 내용을 소개합니다.

"정말 올해는 한 군데서도 선물을 받을 수가 없었어요. 태풍이다 폭우다 해서 망친 농사 때문에 기대도 하지 않았는데……."

지난 11일 경기도 마석 신망애재활원 원장과 원생들은 소식도 없이 과일 상자를 싣고 달려온 한국기독교연합봉사단의 선물을 받고 즐거워했다. 좋아하는 아이들의 모습을 보자 봉사자들은 피로가 한꺼번에 씻겨나가는 듯했다. 지난해부터 설날과 추석에 어려운 단체와 이웃에게 실시하고 있는 사랑의 과일 나누기 행사는 서울 가락동 농수산물 시장의 상인들이 없었으면 절대 불가능한 일이었다. 기독교 단체가 주최하는 일이지만 비기독인 상인들이 더 많이 참여해 화제가 된 이 행사는 올해로 3회째.

처음 이 일을 계획했을 때 상인들의 큰 호응을 기대하지는 않았다. 봉사자들은 일주일 전 시장에 나가 전단을 돌려 행사 취지를 알리고 도움의 손길을 구했다. 그리고 당일 이른 아침 시장에 나가보고는 깜짝 놀랐다. 시장에 내놓고 팔아도 전혀 손색이 없는 물건을 한 상자에서부터 많게는 1톤 트럭 한 대 분량까지 봉사자들에게 아낌없이 내주었다. 그렇게 십시일반 모여든 사랑은 800여 상자. 사과, 배, 포도, 감 등 이웃의 사랑은 참으로 아름다웠다. 집안의 명절을 뒤로 하고 달려나온 50여 명의 봉사자들은 받은 물건을 8대의 차량에 나눠 싣고 각자 맡은 구역으로 달렸다.

영등포 쪽방과 성남 지역의 어려운 이웃을 시작으로 마석 신망애 재활원, 양평 은혜의집, 춘천 산빛기도원, 나사로의집, 쉼터요양원, 홍파양로원, 맹인대린원, 시립요양원, 새소망의집, 주나임선교회, 안산 평화의집 그리고 상계·중계동의 이웃들에게 전달했다. 상인들이 모아준 과일은 모두에게 골고루 분배하고도 2.5톤 트럭의 3분의 2 정도가 남아 중계동 임대주택 장애인과 독거 노인들에게 돌아갔다. 과일 한 봉지를 받기 위해 100미터도 넘게 줄을 선 모습을 보고 봉사자들은 콧날이 시큰해졌다.

이들은 올 추석 밤늦게까지 봉사했지만 어려운 이웃을 도울 수 있어 오히려 뜻깊었다고 한결같이 말한다. 단장 조현삼 목사는 과일 상인들을 통해 역사하시는 하나님의 사랑을 깊게 체험했다며 사랑을 나누는 사람들이 주변에 있는 이상, 소외되고 외로운 이웃은 점차 없어질 것이라고 덧붙였다.

2001년 추석에는 KBS 2TV 〈생방송 오늘〉에서 '당신이 있어 아름다운 추석' 이라는 이름으로 방송되기도 했습니다. 이 말이 내 귀엔 하나님의 격려로 들렸습니다. 물론 KBS 방송작가가 정한 이름이겠지만 어찌 하나님의 섭리 없이 그것이 가능하겠습니까? 하나님께서 우리를 향해 "애들아, 너희가 있어 세상이 참 아름답구나!" 하는 소리처럼 들렸습니다. 참 마음이 좋았습니다.

당신이 있어 아름다운 추석

당신이 있어 아름다운 세상

그래요. 여러분과 내가 있어서 아름다운 세상이랍니다. 그 아름다운 세상을 더욱 아름답게 할 우리는 예수님의 사람들입니다.

처녀 엄마 은주

사랑하는 은주에게.

네가 다니던 직장을 그만두고 사회복지학을 공부하겠다고 대학에 들어가던 날을 기억한단다. 쉽지 않은 결정이었지. 그러던 네가 벌써 졸업반이 되었구나. 4학년 2학기가 되면서부터 넌 진로를 두고 많이 기도했지. 넌 장애아동들이 기거하는 시설로 들어가 그들과 함께 생활하길 원했지. 대소변을 가리지 못하는 지체장애아들과 함께 살면서 그들을 섬기고 싶어했지. 그러던 네가 새소망의집으로 가게 되었다고 알려왔더구나. 장애아동들이 있는 곳은 아니지만 여덟 아이의 엄마가 되어 들어간다고 했지. 우린 주일마다 너를 볼 수 없게 되어 무척 서운했지만 격려와 함께 널 보내주었단다.

그리고 몇 달이 지났구나. 새 천년을 며칠 앞둔 어느 날 우린 널 다시 만났지. 중고등부가 주찬양제를 하는 바로 그날, 네가 아이들을 데리고 나타난 거야. 주찬양제 순서 중에 네 아이들의 찬양과 춤을 보면서 하나님이 널 그곳에 보낸 의미를 알 수 있을 것 같더구나. 그 아이들 속에서 네 모습이 언뜻언뜻 보이더구나. 아직은 어둡고 수줍음을 많이 타는 아이들이지만 그들 속엔 너의 사랑이 피어나고 있더구나. 엘리야가 보았던 그 구름이 아이들 얼굴에 있더구나. 3년 가뭄을 끝낼 큰비를 내릴 그 구름 말이다.

은주야, 너는 네 방에 있는 여덟 아이들의 엄마라고 했다. 초등학교에 다니는 아이들에서부터 고등학교에 다니는 아이들까지. 어린 초등학생들이 은주를 엄마라고 부르는 건 그나마 어느 정도 상상할 수 있지만 고등학생이 은주에게 엄마라고 부르는 건 왠지 상상이 잘 되지 않는구나. 하지만 넌 벌써 네가 엄마라는 사실에 익숙해져 있는 것 같았다.

그래, 네 딸들은 참 행복하겠구나. 너를 엄마로 맞았으니 말이다. 가끔은 네 딸들을 부여잡고 울기도 했겠지. 때론 힘에 겨워 잠시 다른 생각을 해보기도 했겠지. 그러나 널 그곳에 보내신 하나님을 생각하며 넌 다시 맑은 눈을 깜박이며 웃고 일어났을 거야.

은주야, 난 네가 존경스럽단다. 네 또래의 다른 처녀아이들에게 네가 하는 일을 하라고 하면 모두 기겁을 하고 달아날 텐데, 넌 일부러 그곳을 찾아갔으니 말이야. 아마 나에게 지금 네가 하는 일을 하라고 하면 나 역시 쉽게 할 수 없을 거야. 내가 너의 담임목사인 것이 자랑스럽고 기쁘구나.

지금은 성탄의 계절, 난 널 보며 강생하신 예수를 본단다. 네 안에 계신 예수님을 통해 2천년 전 우리를 찾아오신 그분의 숨결을 느낄 수 있단다. 얼마든지 좋고 편한 길이 있음에도 불구하고 새소망의집을 찾아떠난 은주와, 하늘의 영광을 버리고 이 땅의 낮고 천한 이들을 찾아오신 예수님은 어딘가 닮지 않았니. 네가 가는 그 길이 사실은 네가 가는 길이 아니고 네 안에 계신 예수가 가시는 길이란 사실을 잊지 말기 바란다.

은주야, 우리 모두는 네가 우리와 같은 광염인이란 사실을 무척이나 자랑스럽게 여긴단다. 네 곁엔 주님이 항상 계시고, 또 우리가 있단다. 사랑해.

설교는 밥이다

목사에게 설교는 빼놓을 수 없는 중요한 사역입니다. 설교를 통해 사람들을 살리기도 하고 치료하기도 합니다. 낙심하고 있는 이들에게 용기를 주기도 합니다. 꿈을 접고 사는 이들에게 새로운 꿈을 꾸게도 합니다. 목사는 이 설교를 매주 합니다. 학교에서는 1년이 지나면 강의를 듣는 학생들이 바뀝니다. 그러나 교회에서는 1년이 아니라 10년이 지나도 회중이 그대로입니다. 물론 이사를 오고 가면서 성도들이 약간은 바뀌기도 하지만 대부분 같은 회중에게 설교를 합니다. 일주일에 한 번만 설교하는 것이 아니라 몇 차례씩 설교를 합니다.

이런 상황이다 보니 목회자들이 설교에 부담을 갖는 것은 어쩌면 당연한 일 같습니다. 어떤 목사님은 주일이 돌아오는 것이 두렵다는 얘길 하기도 합니다. 설교를 해산의 수고에 비교하는 사람도 있습니다. 사실 나도 설교에 큰 부담을 가졌던 적이 있습니다. 설교를 앞둔 날이면 잠도 잘 못 자던 시절이 있었습니다. 전도사 초기 시절이었던 것 같습니다. 그런데 하나님께서는 어느 날 내게서 이 부담을 완전히 없애주셨습니다. 설교란 지식이 아니라 밥이라는 사실을 깨달은 뒤부터였습니다. 설교가 생명의 양식이라는 말은 곧 설교는 밥이라는 뜻이지요. 이 말이 내 마음에 다가오면서 찾아온 환희와 기쁨은 말로 다 표현할 수 없습니다.

잠언을 강해하다 절반을 하고 좀 쉰 적이 있습니다. 절반쯤 강해하고 나니까 거의 대부분이 앞에서 이미 했던 얘기더군요. 한 소리 또 하고 한 소리 또 하는 게 잠언이더군요. 전에는 한 소리 또 하고 한 소리 또 하는 것에 대해 많은 부담을 가졌는데 성경을 보니 하나님도 한 소리 또 하시고 한 소리 또 하시는 분이더군요. 설교가 밥이라는 사실을 깨달은 후론 이 사실이 내게 얼마나 은혜로 다가오던지요. 그후로 난 성도들에게 한 소리 또 하고 한 소리 또 하겠다고 말했습니다. 만약 어느 주부가 한 번 한 밥은 3년 간 다시 하지 않는다고 생각해보세요. 매번 다른 밥을 해야 한다면 그 주부가 어떻게 되겠어요. 신경쇠약에 걸려 정신과를 찾아야 할 것입니다. 그러나 대부분의 주부들은 때가 되면 별 부담 없이 밥을 합니다. 어제 한 밥을 오늘 또 하는 겁니다. 그것도 뻔뻔하게(?) 말입니다. 가족들 중 누구도 이 밥은 어제 먹은 그 밥 아니냐고 탓하는 사람이 없습니다. 그저 맛있게 먹습니다. 이것이 밥입니다.

설교도 마찬가지입니다. 설교는 예수를 전하는 것입니다. 예수는 밥입니다. 예수는 하늘에서 내려온 살아 있는 떡입니다. 설교 시간마다 밥을 해 내놓으면 됩니다. 예수를 전하면 됩니다. 예수는 밥입니다. 생명의 양식입니다. 그러면 사람들은 그 밥을 먹고 힘을 얻어 돌아갑니다. 만약 목사가 지식에 의지하여 예수를 전한다면 한 달 후에는 전할 내용이 없을 것입니다. 이 사실을 알고 난 후에는 주부가 밥하는 것에 대해 부담을 갖지 않는 것처럼 부담 없이 설교합니다. 그러다 보니 내게는 더 이상 설교가 고통이나 스트레스로 느껴지지 않게 되었습니다.

해산의 고통도 없습니다. 가족을 위해 밥을 짓는 주부처럼 난 콧노래를 흥얼거리며 설교를 준비합니다. 맛있게 먹어줄 성도들을 생각하며 즐겁게 밥을 짓습니다. 밥을 지어놓고 가족을 기다리는 주부의 행복이 내게 있습니다.

가끔은 내게 설교에 대해 묻는 후배들이 있습니다. 그때 내가 어김없이 해주는 말이 바로 설교는 밥이라는 사실입니다. 오늘 이 글을 읽는 분이 목회자일 수도 있고 성도일 수도 있습니다. 설교는 밥이라는 사실은 모두에게 기쁜 소식입니다. 예수를 전하는 것이 설교입니다. 예수는 밥입니다. 설교 시간은 밥 먹는 시간입니다. 예수 잡수세요. 밥을 잡수세요. 먹으면 삽니다. 예수 먹으면 세상을 이길 힘이 생깁니다. 설교를 어렵게 생각하지 마세요. 예수를 전하세요. 전한 예수 또 전하세요. 예수가 밥입니다. 우리 교회에는 신평식 집사님이란 귀한 분이 계십니다. 이 분은 예배를 마치고 돌아갈 때 내게 늘 이렇게 인사합니다.

"목사님, 오늘도 밥 맛있게 먹고 갑니다."

신문에 난 예수 광고

설교 도중에 이런 말을 했습니다.

"왜 신문엔 롯데백화점 광고, 나이키 광고만 실려야 합니까? 거기 예수가 실리면 안 됩니까? 신문 전면 광고료가 너무 비싸 지금은 돈이 없어 못하지만 하나님이 우리에게 돈을 주시면 신문에 예수를 전면 광고할 겁니다."

전도와 관련된 설교였는데 늘 마음에 품어왔던 꿈을 얘기한 겁니다. 성도들이 얼마나 크게 "아멘"을 하던지요. 그런데 다음주에 하나님께서 수천만 원을 현금으로 내미시는 겁니다. 우리 교회가 생긴 이래 단일헌금으로는 가장 큰 액수였습니다. 헌금을 한 성도는 이름을 밝히고 싶지 않다고 했습니다. 목사님만 알고 계셨으면 좋겠답니다. 나중에 그분 장례식을 내가 집례할 일이 있으면 그날 얘기하겠다는 마음으로 그분의 뜻을 받아들이기로 했습니다. 앞으로 몇 년 후에야 가능하리라는 마음으로 전면 광고를 얘기한 것인데, 하나님은 바로 다음주에 돈을 내놓으신 겁니다. 나는 이 사실을 설교 시간을 통해 알렸습니다. 그날 설교를 하면서 얼마나 흥분했는지 모릅니다.

"예수를 전하는 것이 전도입니다. 우리 전도합시다. 멀리 있는 사람에게든 가까이 있는 사람에게든 예수를 전합시다. 꼭 우리 교회로 데리고 오겠다는 마음을 버립시다. 사람을 우리 교회로 데리고 와야만 전도가 아닙니다. 예수를 전하는 것이 전도입니다. 100명에게 예수를 전했다면 난 100명을 전도한 것입니다. 만약 전도를 우리 교회로 사람을 데리고 오는 것이라고만 생각한다면 우리가 어찌 이 일에 수천만 원을 들일 수 있겠습니까? 제주도에서 우리 교회에 오겠습니까? 전주에서, 부산에서 오겠습니까? 설혹 온다 해도 70평 상가 예배당에 어찌 다 수용하겠습니까? 우리가 뿌린 예수는 한국 교회가 함께 거둘 것입니다. 이 땅의 예배당의 빈자리를 우리가 채웁시다."

2001년 9월 25일 〈조선일보〉 20면 전면에 예수 광고가 실리던 날의 감동을 우리 교회 성도가 아닌 분들의 글을 통해 다시 한 번 나누고 싶습니다.

"신선한 충격 그리고 감동! 이런 기획을 한 서울광염교회에 손을 들어 격려를 보냅니다. 저는 서대전 중앙교회의 부목사입니다. 광고가 이렇게 쓰일 수도 있구나 하고 깨달았습니다. 신문 광고에 식상해 있는 나에게 새로운 광고와 전도 방법이 놀라움과 기쁨을 주었습니다."

"그 발상에 감격했습니다. 〈조선일보〉에 예수님이 입성하다니, 현대판 예루살렘에 예수께서 나귀 타고 들어가시는 느낌입니다. 광고 효과를 고려해보면 거의 대박 수준. 다음 광고도 기대합니다. 계속하신다면 저도 기부금을 드리겠습니다. 비용 신경 쓰지 마시고 계속 노력해주세요."

그날 이후 전국 각지에서 광고를 후원하고 싶다는 요청이 쇄도했습니다. 광고 기금 모금을 위한 ARS 전화가 설치되고 예수 광고를 체계적으로 준비하기 위한 작업에 들어갔습니다. 그 결과 우리는 〈동아일보〉와 〈국민일보〉에도 광고를 게재할 수 있었습니다.

앞으로는 신문 광고뿐만 아니라 텔레비전 광고, 옥탑 광고, 고속도로 광고탑으로도 예수를 전할 수 있게 되기를 꿈꾸어봅니다.

예수가 나와 무슨 상관이 있나요?

오늘은 전해들은 이야기를 함께 나누겠습니다.

신실한 집사님 한 분이 전도를 하기 위해 어느 아파트에 갔습니다. 습관대로 문 앞에 서서 벨을 눌렀습니다. 하지만 여러 번 눌러도 응답이 없었습니다. 그냥 돌아서려는데 마음속에서 강한 음성이 들려왔습니다.

"그냥 떠나지 마라."

집사님은 다시 초인종을 누르기 시작했습니다. 이번에도 아무 응답이 없자 그는 포기하고 돌아서서 계단을 내려갔습니다. 그때 다시 한 번 마음속에 강한 음성이 울렸습니다.

"포기하지 마라."

집사님은 계단을 거슬러올라 다시 그 집으로 돌아가서 문을 마구 두드리기 시작했습니다. 역시 아무 응답이 없었습니다. 그는 문 두드리기를 멈추고 이제 그만 이 집을 떠나야겠다고 생각했습니다. 바로 그때였습니다. 문이 벌컥 열리더니 몹시 험악하게 생긴 사람이 나타났습니다.

"도대체 누구길래 이렇게 귀찮게 구는 거요!"

퉁명스럽게 쏘아붙입니다. 전도하러 나왔다고 말하자 집주인은 다시 퉁명스럽게 쏘아붙였습니다.

"일 없으니 딴 데나 가보시오."

집주인은 문을 쾅 닫고는 안으로 들어가버렸고 집사님은 낙심하여 돌아서서 계단을 내려갔습니다. 그때 다급한 음성이 또다시 귓가에 들려왔습니다.

"절대로 포기해서는 안 된다."

집사님은 다시 돌아가 그 집 초인종을 한참 눌렀습니다. 집주인은 화난 표정으로 나와서는 거친 음성으로 소리를 질렀고, 집사님은 그저 전도지를 건네주며 간신히 한마디 할 수 있었습니다.

"예수 믿고 천국 가시오!"

그날 밤, 집사님의 집으로 전화 한 통이 걸려왔습니다.

"저는 오늘 오후 집 앞에서 당신을 매정하게 쫓아냈던 바로 그 사람입니다. 당신이 찾아왔을 때, 삶의 의미를 잃고 지쳐 있던 저는 죽기로 결심하고 막 목을 매려던 순간이었습니다. 초인종 소리를 들었지만 방해 받기 싫어서 아무 대답도 하지 않았습니다. 빨랫줄을 목에 걸고 의자에 올라선 후 의자를 발로 차버리려는 순간, 다시 누군가가 문을 두드리기 시작했습니다. 저는 문을 두드리는 소리가 나지 않을 때까지 기다렸습니다. 잠시 후 그는 가버리는 듯했습니다. 이제는 됐다 싶어 다시 굳게 마음을 먹고 의자를 발로 차려는데 또다시 문을 두드리는 소리가 나지 않겠습니까? 누가 이렇게 나를 애타게 찾는 것일까? 죽더라도 그가 누구인지 한번 보고나 죽자는 생각이 들었습니다. 그래서 문을 열어보니 당신이 서 있었습니다. 전도하러 왔다는 당신의 이야기를 제대로 듣지도 않은 채 저는 문을 닫아버렸습니다. 하지만 당신은 내

생애의 마지막 계획을 또다시 방해했습니다. 다시 찾아온 당신이 건네주는 종이 한 장을 무심결에 받아들고 별 생각 없이 종이에 적혀 있는 글을 읽어보았습니다. 글을 읽고 있노라니 내 인생이 이렇게 끝나서는 안 된다는 생각이 들더군요. 그리고 예수라는 사람이 나와 무슨 상관이 있는지 너무나도 궁금해졌습니다. 그래서 종이에 적혀 있는 당신의 전화번호를 보고 이 늦은 시간에 전화를 드리게 되었습니다. 설명해주시겠습니까? 예수라는 사람이 나와 무슨 상관이 있습니까?"

"예수님은 당신을 사랑하십니다."

집사님이 그에게 했을 나머지 설명은 여러분의 몫입니다.

정복교 성도여 편히 가시오

설날 아침 친가에 모여 가족예배를 드리는 시간, 설교를 한참 하는 중에 핸드폰 벨이 울렸습니다.

'아차, 벨소리를 진동으로 바꿔놓는 것을 깜빡했구나.'

누구냐고 묻지도 않고 핸드폰에 대고 말했습니다.

"지금은 예배중입니다. 잠시 후에 다시 해주세요."

당연히 상대쪽에서 응답이 없으리라고 생각했는데 말소리가 들렸습니다.

"목사님, 저 의택인데요. 아…버…지…가 돌아가셨습니다."

내가 갈 때까지 영안실로 모시지 말고 그대로 있으라는 말을 해주곤 서둘러 설교를 마치고 을지병원 응급실을 향해 차를 몰았습니다. 급히 나가는 내게 어머니가 약식 몇 덩이를 싸주셨습니다.

달리는 차 안에서 여기저기 전화를 했습니다. 대부분 연락이 되지 않았습니다. 다행히 김 목사님과 이 강도사님과는 통화가 되었습니다. 차 안에서 하나님과 의논을 했습니다. 하나님 어떻게 해요? 의택이 아버지, 정복교 성도는 올해 나이 마흔넷입니다. 간경화로 오랫동안 앓았습니다. 몇 년 전, 삶을 포기하고 사시던 분이 우리 교회에서 전한 복음을 받아들이고는 삶의 의욕을 되찾았습니다. 나라에서는 의료보호

1종으로 지정해 주었습니다. 임대아파트로 이사도 했습니다. 두 아들 의택이와 의식이는 믿음 안에서 잘 자랐습니다. 의택이는 올해 고등학교를 졸업했고, 의식이는 고등학교 2학년에 올라갑니다. 의택이네가 월계동으로 이사를 하면서 정복교 성도는 취로 사업도 나가곤 했습니다. 교회는 가고 싶은데 피곤해 일어나질 못한다며 전화를 하곤 했습니다.

병원에 도착하니 김세열 목사님이 임종예배를 드리고 있었습니다. 119구급대의 도움을 받아 정복교 성도의 시신을 교회 5층 사랑방에 안치했습니다. 병원을 향해 달리는 차 안에서 하나님은 제게 두 가지 마음을 주셨습니다. 하나는 장례식을 하면서 남은 식구들이 빚을 져서는 안 되겠다는 것, 또 하나는 의택이와 의식이가 아버지의 장례식이 초라했던 것으로 평생 가슴 아파하며 살게 해서는 안 되겠다는 것이었습니다. 하나님께 기도를 드렸습니다. 주님, 이 두 가지를 충족시킬 수 있는 방법을 일러주셔야지요. 그때 하나님은 교회당 5층 사랑방을 떠올리게 하셨습니다.

정복교 성도님의 장례식은 그렇게 시작되었습니다. 연락받은 많은 성도들이 와주었습니다. 그들의 사랑이 모아져 수의, 관, 홍대, 상복 등 장의용품 일체를 교회에서 사왔습니다. 설날 다음날 사랑방에서 염을 했습니다. 나와 부교역자들 그리고 몇몇 집사님이 함께 정성을 다해 마지막 옷, 주머니가 없는 수의를 입혀드렸습니다. 그 입관예배에 많은 성도들이 참여했습니다. 밤엔 청년들과 학생들이 의택이와 의식이와 함께 있어주었습니다. 발인하는 날은 참으로 날씨도 좋았습니다. 장지까지 많은 성도들이 함께 가주었고, 정복교 성도는 양지바른 곳에

안장되었습니다.

장례 비용 대부분을 성도들의 사랑으로 충당했습니다. 음식, 간식, 장의용품, 영구차……. 그렇게 하고도 유가족에게 전달할 63만 5천 원을 보관하고 있습니다. 이 돈에다 정부에서 주는 장례보조비 50만 원을 보태면 고인이 세상을 떠나며 남기고 간 100만 원의 빚도 갚을 수 있을 것 같습니다.

광염인 여러분, 난 여러분들의 담임목사임이 자랑스럽습니다.

네가 본 손해, 내가 다 갚아주마

하나님의 심부름으로 잠실에 있는 어느 형제를 만나러 가는 길이었습니다. 어린이대공원 후문을 지날 무렵 가벼운 접촉사고가 일어났습니다. 차에서 내려 살펴보니 뒷문 쪽이 쑥 들어가 있었습니다. 우리 교회 차를 받은 운전자는 30대 중반의 여성이었는데 무척이나 당황해 하더군요. 얼마나 놀랐을까요? 그래서 우선 웃어주는 일부터 했습니다. 십자가 사랑을 그 웃음에 담아보려고 했습니다. 내가 웃으니 상대방도 우선 안심은 되는 모양이었습니다. 차에 쓰인 교회 이름을 발견한 모양이었습니다. 그 여성이 물었습니다.

"목사님이시지요?"

고개를 끄덕이며 싱긋 웃었더니 그렇게 반가워할 수가 없었습니다. 내가 목사라는 사실을 알고 그토록 반가워하는 사람은 처음인 듯싶었습니다. 이번에는 수리비로 얼마를 보상해주어야 하는지를 물었습니다. 모르겠다고 했습니다. 사실 몰랐기 때문입니다. 그런 일엔 지나가던 사람들이 한몫하게 마련이어서 어떤 사람은 30만 원은 족히 나올 거라 하고, 근처 카센터 주인은 피해자가 원하면 문짝도 갈아주어야 한다고 거들었습니다. 자신이 8만 원에 고쳐주겠다는 말도 잊지 않았습니다. 카센터 주인의 말을 듣고 있던 그 여성은 5만 원에 해달라고 사정을 하면서도, 어머니를 모시고 병원에 가는 길이었는데 지금은 3만 원밖에 없다고 했습니다.

두 사람의 이야기를 들으며 난 운전석에 올라 시동을 걸었습니다.

"염려 마십시오. 그냥 가겠습니다."

순간 당혹스러워 하는 '나를 그토록 반가워했던 그녀'와 카센터 주인 아저씨를 뒤로 하고 나는 다시 잠실로 향했습니다. 물론 교회 차량을 관리하는 이옥수 성도에게 야단맞을 각오를 단단히 하고 말이지요.

혼자 차를 운전하고 가면서 나도 모르게 싱긋 웃음을 지었습니다. 내가 목사라는 사실을 확인하던 순간 그 여성이 느꼈을 반가움과 안도감을 배반하지는 않은 듯해서였습니다. 광염교회의 모든 성도들도 조금 손해는 봤지만 목사가 그러고 온 걸 잘했다고 할 것 같아서였습니다.

내가 그리스도인이라는 사실, 목사인 사실을 알고 실망했던 사람들도 물론 있었을 겁니다. 교회 이름이 쓰인 차를 몰고 가다가 다른 운전자들에게 실망을 준 일도 여러 번 있었을 겁니다. 하지만 전도에는 '나 예수 믿는 사람이오'란 뜻이 포함되어 있습니다. 그러니 자연히 언행에 조심하게 되고 손해보는 경우도 생기게 됩니다. 한마디 할 일도 참고 넘어가게 되고 물건 사러 가서도 값을 못 깎게 됩니다. 하지만 주님은 이렇게 말씀하시지요.

"네가 나 때문에 본 손해, 내가 다 갚아주마."

행복의 채널 예수 그리스도

중등부가 수련회를 간 곳에 갔다가 눈길에 막혀 하룻밤을 산 속에서 지내고 돌아왔습니다. 그것은 나를 그곳으로 부르셔서 당신 앞에 앉게 하신 하나님의 디자인이셨습니다. 하나님은 날 그런 자리에서 만나길 원하셨나 봅니다. 텅 빈 예배당 앞에서 홀로 앉은 내게 주님은 위로였고 은혜였습니다. 우리 중등부 아이들이 좋아서 어쩔 줄 몰라하는 모습을 보면서 이 아이들이 어른이 되었을 때의 내 모습과 우리 교회 모습을 그려보았습니다.

산에서 내려오니 속초 등지에서 열여섯 개의 교회 스물여섯 분의 목사님과 사모님들이 와 있더군요. 우리 교회를 탐방하러 온 겁니다. 건물을 보러 온 것은 아니겠지요. 아마 새벽에 출발했을 겁니다. 그들이 무엇을 위해 이 먼 길을 왔을까요? 만약 다른 날 왔다면 아마 목회를 주로 얘기했을 것입니다. 그런데 산 속에서 나를 만나주셨던 하나님은 행복의 채널 예수 그리스도를 목사님들에게 전하길 원하셨습니다. 첫 시간 난 목사님들을 향해 힘차게 전했습니다.

"목사가 행복해야 교회가 행복해집니다. 목사의 얼굴은 전도지입니다. 그 행복의 채널은 예수 그리스도입니다. 목회를 하다 보면 사역과 사람과 문제 속에 파묻힐 수 있습니다. 한 가지 일을 끝내고 나면 또 다른 일이 기다리고 있습니다. 한 문제를 풀고 나면 또 다른 문제가 기다리고 있습니다. 그렇게 해서 계속 쫓기다 보면 어느 순간 탈진합니다. 사역과 사람과 문제는 우리를 탈진시킵니다. 로뎀나무 아래를 찾아갈 수밖에 없는 상황이 생깁니다.

여러 목사님들의 경우는 어떻습니까? 혹 지금 앞으로 언제쯤이면 이 사역과 사람과 문제에서 벗어날 수 있을까를 생각하고 있는 것은 아닙니까? 언제쯤 끝이 보일까 하는 심정으로 천국을 사모하고 있지는 않습니까? 그 속에서는 행복을 맛볼 수 없습니다. 이제 예수님을 찾아가세요. 예수님께로 나아가세요. 목사에게 우선은 사역이 아닙니다. 예수님입니다. 사람이 아닌 예수님께 달려가야 합니다. 문제 속으로 파고들지 마십시오. 예수님 품을 파고드십시오. 목회만 있고 예수는 없는 목장이 되면 공허해집니다. 문제가 생겼다면 예수님이 보고 싶어하신다는 사인입니다. 이제 예수님께로 가십시오. 문제를 향해 가지 말고 예수님을 향해 가십시오. 문제를 여러분이 풀 수 있습니까? 그렇다면 나아가십시오. 그러나 많은 경우, 너무 많은 경우 우리는 오히려 그 문제를 키웁니다. 예수님께로 나아가십시오.

행복의 채널은 예수 그리스도입니다. 사역과 사람과 문제가 여전히 우리에게 있다 해도, 우리는 행복할 수 있습니다. 아픔과 슬픔을 당하고 있어도 우리는 행복할 수 있습니다. 그것은 감옥 속에서 바울이 맛보았던 그 행복입니다. 수많은 선배들이 순교의 현장에서 맛보았던 그 행복입니다. 아픈 가슴으로 밤을 지새워야 하는 상황 속에서도 누릴 수 있는 행복입니다. 목사는 항상 행복해야 합니다. 그 행복의 채널이 예수입니다."

행복의 채널 예수 그리스도를 전하면서 나도 행복했습니다. 가슴 이 예수로 꽉 채워졌습니다. 떠나면서 한 분이 내 손을 잡고 고백하더군요.

"오늘 너무 큰 감동을 받았습니다. 난 목사님의 행복목회가 좋은 환경과 사람들 때문일 거라고 생각했는데 그 행복의 근원이 예수 그리스 도라는 사실에 큰 은혜를 받았습니다. 이제는 아픔 속에서도 행복할 수 있을 것 같습니다."

그날 밤 난 예수 안에서 단잠을 잤습니다. 아침에 일어나 '평안으로 맞는 아침'이란 글을 홈페이지에 올렸습니다.

아침이 있다는 것은 날마다 새로운 일입니다. 오늘도 내게 아침을 맞을 수 있도록 하신 하나님의 은혜에 잠겨 있습니다. 언젠가 몸이 몹시 아팠던 날이 있습니다. 밤새 앓으면서 아침을 기다렸습니다. 밤이 참 길더군요. 아침이 된다고 아픈 몸이 금방 낫는 것은 아닌데도 아침이 기다려지더군요. 그런데 그 아침을 이렇게 날마다 맞이할 수 있다는 것이 얼마나 큰 은혜인지요? 아침 햇살처럼 따뜻한 주님의 은혜가 베란다를 통해 내게 들어오는 것 같습니다. 그 사방에 평안을 주셨더라! 구약 성경에 나오는 아사 왕으로 인해 하나님이 유다 나라에 주셨던 그 평안을 우리에게도 주신 것입니다.

개척을 떠나는 김세열 목사님에게

사랑하는 김세열 목사님, 벌써 10년이네요. 목사님과 함께 했던 날들이 말입니다. 처음엔 김세열 성도라 부르다가 김세열 전도사, 김세열 강도사, 김세열 목사. 그 사이 여러 이름으로 목사님을 불렀더군요. 10년을 함께 지내고 하는 말인데, 김 목사님은 인격자입니다. 예수 안에서 다듬어진 그 인격과 성품은 내겐 늘 존경의 대상입니다. 김 목사님의 마음은 참 아름답습니다. 늘 사랑으로 목회를 하는 김 목사님의 설교는 복음입니다. 설교에는 자유로움이 있습니다. 누르는 설교가 아니라 눌린 자를 자유롭게 하는 설교입니다.

목사님은 명 설교자입니다. 설교에 파워도 있고 깊이도 있고 재미도 있습니다. 목사님의 설교를 통해 난 늘 진한 감동을 받았습니다. 나만이 아니라 모두들 김 목사님의 설교에 크게 감동하고 변화되었습니다. 목사님은 제자훈련에 탁월한 능력이 있습니다. 목사님에게 제자훈련을 받은 분들이 얼마나 아름답게 변화되고 바뀌어졌는지는 우리 모두가 들었고 보았습니다. 앞으로 그 부분에서 목사님은 큰 일을 할 겁니다.

사랑하는 김 목사님, 난 고백합니다. 오늘의 서울광염교회는 김세열 목사님이 함께 했기 때문에 있는 것이라고. 우리는 김 목사님이 지난 10년간 교회에서 주님을 위해 수고하고 헌신했던 모든 것들을 다 기억

하고 있습니다. 하나님께서는 지난 10년간 서울광염교회에서 김 목사님이 부목사로 수고하신 충성에 대해 이 땅과 하늘 나라에서 상을 주실 것입니다. 이 땅에 내려주신 그 상을 김 목사님의 목양지에서 받아 누리길 소원합니다.

사랑하는 김 목사님, 담임목사가 이제 담임목사가 된 목사님에게 전해주고 싶은 말이 있습니다.

사랑하세요. 지금까지 해왔던 것처럼 사랑하세요. 하나님을 사랑하고 성도들을 사랑하세요. 성도들이 갖고 있는 것을 사랑하는 것이 아니라 성도들 자체를 사랑하세요. 성도들의 종이 되세요. 하나님과 성도의 종으로 부름 받았다는 사실을 잠시도 잊어서는 안 됩니다. 늘 '주인이 결정하면 종은 따른다' 라는 마음으로 목회하세요. 교회를 개혁하려고 하지 말고 교회를 사랑하세요. 이웃 교회와 경쟁하려 하지도 마세요. 사랑하세요. 교회는 하나입니다. 교회는 언제나 사랑의 대상이어야 합니다. 사랑하면 개혁할 수 있습니다. 한국 교회는 오늘도 교회를 사랑하는 사람들에 의해 날마다 새로워지고 있습니다.

마음이 상했을 때는 설교를 하지 마세요. 그때 설교를 하면 설교에 독이 섞여 나오게 됩니다. 성도들은 그게 독인 줄도 모르고 먹습니다. 마음이 상했을 때는 글도 쓰지 마세요. 그 글에는 독이 섞입니다. 서운할 때는 결정하지 마세요. 그때 내린 결정은 이내 후회하게 됩니다.

아버지 마음을 품고 목회하세요. 목회는 아버지 마음으로 하는 겁니다. 성도들을 품으세요. 아버지의 마음을 갖고 있다면 못 품을 사람이 없습니다. 성도들을 존경하세요. 성도들 중에는 우리보다 더 헌신적인 분들이 많습니다. 훌륭한 성도들도 참 많습니다. 그분들을 존경하세요. 그들을 귀히 여기세요. 업신여겨선 안 됩니다. 성도를 업신여기면 실족하는 일이 생깁니다.

지금의 마음, 지금의 열정, 이 마음과 이 열정을 유지하세요. 목회가 아닌 다른 것에 재미를 붙이지 마세요. 목회가 특기이자 취미가 되도록 하세요. 목회에 집중하세요. 물이 쇠를 자른다는 얘기, 이미 아시지요? 그것이 바로 집중의 힘입니다.

고개 돌리는 연습을 자주 하세요. 이제 김 목사님에게도 눈이 자동으로 돌아갈 귀한 사람들을 보내주실 겁니다. 그래도 김 목사님의 눈은 계속 그 귀한 분을 보내주신 하나님에게 가 있어야 합니다. 그럴 때 우리의 눈이 하나님에게서 하나님이 보내주신 사람에게로 돌아갈 수 있습니다. 자주 고개를 돌려야 할 것입니다. 그러나 시선은 늘 하나님에게 고정되어 있어야 합니다. 사람을 오고 가게 하시는 분은 하나님입니다. 김 목사님이 오게 한다고 해서 올 사람도 없고 붙잡는다고 붙잡힐 사람도 없습니다. 하나님이 가라 하시면 가는 것이고, 오라 하시면 오는 것입니다. 있으라 하면 있는 것이지요. 늘 이 일을 하시는 하나님을 주목하세요.

김세열 목사님, 목회 잘하셔야 합니다. 목사님을 통해 하나님이 이루실 일들이 온 천하에 두루 퍼지길 소망합니다

제4장

감자탕 교회의 사랑 이야기

광염교회 사람들이 돋보이는 이유는 기독교인의
기본을 잃지 않고 실천하는 데 있다. 하나님이 기뻐하시는
원칙을 정하고 그 원칙대로 살고 행하려고 노력하기
때문에 많은 사람들이 공감하며 사랑하게 된다. 구제는
이웃이 고난받고 있을 때 사랑을 보여주는 구체적인
행동이다. 이 구제라는 뜨거운 감자를 가슴에 품고 살면서도
귀찮게 생각하지 않으며 사랑과 진심 어린 마음으로 그
활동에 임하는 데에서 광염교회 사람들의 따뜻한
마음을 읽을 수 있다.

감동의 드라마, 사랑의 집 1호

기본으로 돌아가라(Back to the basics). 경영학 교수들이 기업의 성공을 위해 귀가 따가울 정도로 강조하는 말이다. 기본이 충실하지 않으면 개인이든 기업이든 결코 경쟁력을 확보할 수 없기 때문이다. 그렇다면 기독교인이 인생을 살면서 지켜야 할 기본은 무엇일까.

조 목사는 크리스천의 기본은 하나님과 이웃에 대한 사랑이며 이 사랑을 구체적으로 실천하는 게 전도와 구제라고 누누이 강조한다. 전도와 구제라는 양대 의무가 없다면 교회는 친목 단체와 다를 게 없을 것이다. 전도는 하나님께 받은 구원의 기쁨을 함께 나누자고 동참을 권유하는 것이다. 구제는 이웃이 고난 받고 있을 때 사랑을 보여주는 구체적인 행동이다.

사랑의 집 1호의 탄생 과정은 그야말로 한 편의 감동적인 드라마다. 교회에서는 2000년 성탄절을 앞두고 남편과 사별한 후 초등학교에 다니는 딸을 키우며 힘들고 어렵게 살고 있는 한 교인에게 사랑의 시선이 모아졌다. 남편은 아이가 백일쯤 되었을 때 세상을 떠났다.

이런 중에도 아이는 참으로 해맑게 자라고 있었다. 하지만 곰팡이가 피고, 천장엔 물방울이 맺혀 있는 지하 셋방의 좋지 않은 환경 때문에 감기가 떨어질 날이 없었다. 설상가상으로 아이 엄마는 허리가 아파

제대로 일을 할 수 없어 별다른 수입이 없다 보니 생존 자체가 위협받는 상황이었다. 정부의 생활보호 대상자로 선정되어 한 달에 18만 원의 생활비 보조를 받는 게 수입의 전부라고 하니 그 생활이 어떠할지 짐작할 수 있으리라.

이 모녀는 보증금 100만 원에 월세 8만 원짜리 지하 셋방에서 생존투쟁을 벌이며 어렵사리 살고 있었다. 월세를 내지 못하고 지낸 지 근 1년, 이제는 방을 비워주어야 할 형편이 되었다. 이 엄동설한에 어디로 간다는 말인가. 여지없이 길거리로 나앉아 노숙자가 되어야 할 절박한 순간이 다가오고 있었다.

인생의 밑바닥에서 절망의 한숨을 짓고 있을 때 이 딱한 사정을 전해 들은 교인들은 담임목사와 더불어 이 가정에 성탄을 기념하는 의미에서 사랑의 보금자리를 마련해주기로 의견을 모았다. 교회가 1,050만 원짜리 방을 전세로 얻어 관리하며 모녀가 와서 살도록 했다. 이들은 정부의 임대아파트 입주 대상자이므로 언젠가 임대아파트로 이사 가게 되면 그때는 또 다른 어려운 이를 선정해 들어와 살도록 할 예정이다.

아이의 교육 문제에 대해서도 교회의 한 집사가 대학 때까지 학비를 부담하기로 약속하였고 지금까지 사랑으로 보살펴주고 있다. 성탄절에 이 소식을 전해 들은 아이의 엄마는 놀란 나머지 기쁨의 눈물을 흘리며 '이런 기적이 내게도 이루어지네요'라고 감사의 기도를 했다.

조 목사는 사랑의 집을 운영하는 이유를 예수에 대한 감사의 표시라고 설명한다. 예수는 하늘나라 보좌를 버리고 이 땅에 왔지만 태어날 방이 없어서 마구간에서 탄생했다. 그런 예수를 생각할 때 누군가 아무런 대책 없이 길거리로 나앉아야 할 상황에 처한다면 외면할 수만은 없다는 것이다.

예수님은 잃어버린 어린 양을 늘 가슴에 묻고 사신다. 교회가 가난한 사람 모두를 돕지는 못한다. 하지만 가난한 사람들에게 예수님의 따뜻한 사랑을 전하며 가난을 하나님을 체험하는 귀한 기회로 만들 수는 있다. 물론 교회는 구호 단체가 아니다. 그러나 교회는 이 세상에서 탈출구가 보이지 않을 때 하늘을 물끄러미 바라볼 수밖에 없는 이들이 하나님께 매달릴 수 있는 곳이 되어야 한다.

광염교회의 사람들이 돋보이는 이유는 기독교인의 기본을 잃지 않고 실천하는 데 있다. 하나님이 기뻐하시는 원칙을 정하고 그 원칙대로 살고 행하려고 노력하기 때문에 많은 사람들이 공감하며 사랑하게 된다. 구제라는 뜨거운 감자를 가슴에 품고 살면서도 귀찮게 생각하지 않으며 진심어린 마음으로 구제활동을 하는 데에서 광염교회 사람들의 따뜻한 마음을 읽을 수 있다.

사랑의 집은 성탄절이 되면 정성껏 모아진 헌금으로 매년 하나씩 생겨나고 있다.

외국인 근로자들의 안식처, 미션 하우스

우리나라 산업 현장에서 일하고 있는 외국인 근로자 수는 2002년 현재 약 35만 명이다. 이 중 27만 명 정도가 불법 취업자다. 이들은 관광비자로 한국에 들어와 근로자가 되었거나 산업 연수생으로 뽑혀 합법적으로 취업했다가 보다 높은 소득을 위해 불법 취업자로 전환한 사람들이다. 주로 중소기업의 3D 현장에서 일하면서 우리의 부족한 노동력을 보충해주고 있다.

그러나 이들은 산업 현장에서 불법 취업자라는 이유로 임금과 근로 조건에서 불이익을 당하곤 한다. 외국인 근로자의 인권 문제가 심심찮게 언론에 오르내리고 있는 이유도 바로 여기에 있다. 그래서 우리나라를 떠날 무렵 이들의 마음 속에는 반한 감정으로 가득 차게 된다.

최근 교회를 중심으로 외국인 근로자들에게 예수의 사랑을 실천하는 사례가 늘고 있다. 광염교회도 외국인 근로자를 돕는 일에 앞장서고 있다. 교회에서는 1999년 8월부터 외국인을 위해 영어 예배를 드리기 시작했다. 홈페이지에 외국인을 위한 코너를 따로 두어 디지털 상에서도 많은 교제를 나누도록 배려하였다. 담당 교역자는 영어교육을 전공하고 필리핀으로 유학을 다녀와 영어를 자유롭게 구사할 수 있는 박신용 전도사가 맡고 있다. 그는 영어로 설교를 하며 홈페이지 역시 영어로 운영하고 있다. 담임목사의 칼럼을 영어로 번역하여 홈페이지에 올리기도 한다.

교회가 외국인 근로자에게 사랑의 눈길을 돌리는 이유는 세 가지다. 첫째는 복음을 전하기 위해서이다. 그들도 구원받아야 할 하나님의 백성들이다. 하나님께서 그들을 구원하시기 위해 이 땅으로 인도하셨는지도 모른다. 외국에 나가서 전도하는 것보다 훨씬 적은 비용으로 많은 외국인들에게 복음을 전할 수 있는 이점이 있다. 또한 조국과 정든 가족의 품을 떠나 낯선 이국 땅에서 외로움과 불편함을 감수하고 고생하는 나그네를 돌보는 게 기독교인의 사명 가운데 하나라고 생각하기 때문이다.

둘째는 우리나라 근로자들도 해외에 나가 일한 역사를 가지고 있기 때문이다. 일찍이 100년 전에 우리 조상들은 하와이 사탕수수 밭에 근로자로 이민을 갔다. 1960년대에는 독일에 광부와 간호사로 돈을 벌기 위해 나갔다. 1970년대에는 베트남과 중동까지 진출한 동병상련의 역사를 갖고 있다. 한국 땅을 찾은 외국인 근로자를 인간적으로 따뜻하게 맞이하는 것도 교회가 해야 할 중요한 일이다.

셋째는 감사의 표시다. 우리나라 사람들은 소득 수준이 높아지면서 더럽고, 힘들고, 위험한 일을 기피하고 있다. 실제로 IMF 경제위기 때 200만 명에 가까운 실업자가 발생했지만, 이들은 3D 현장에서 일하는 것을 원치 않았다. 아무리 눈높이를 낮추라고 전문가들이 조언해도 이미 높아져버린 눈높이를 낮추는 것은 쉬운 일이 아니다. 그 틈새를 외국인 근로자들이 보완해줌으로써 우리나라 중소기업들에게 큰 도움이 되었다. 부족한 노동력을 제공해 중소기업 활성화에 기여하고 있으니 감사할 일이다.

상계동과 의정부 지역에는 봉제공장을 하고 있는 영세 기업들이 많이 있다. 외국인 근로자들은 국내 근로자와는 달리 장시간 근로를 마다하지 않고 성실하게 도와준다. 이들은 이렇게 고생하며 모은 돈을 한 푼이라도 아껴 가족에게 보내기 위해 지하 셋방에서 여러 명이 함께 살아가고 있다.

그래서 교회에서는 이들이 무료로 거처할 수 있도록 교회 근처에 지상 1층과 지하에 전셋집을 마련해주었다. 그 집이 바로 사랑의 집 2호, 즉 미션 하우스다. 현재 지상에는 4명의 필리핀 여성이, 지하에는 4명의 필리핀 남자들이 머무르고 있다. 방 한 칸 얻기 어려운 사람들에게 임시로 머무를 장소를 제공하고 여유가 생기면 방을 얻어 나가도록 배려하고 있는 것이다. 사랑의 집 2호는 외국인 근로자들의 만남의 장소, 안식처로도 활용되고 있다. 자연스럽게 외국인 근로자들의 공동체가 형성되어 미션 하우스의 임시 터전 방식을 자율적으로 운영하고 있다.

외국인부에서는 생일을 맞는 외국인 교인들을 진심으로 축하하며 생일 파티를 벌인다. 그들은 이국 땅에서 맞이하는 생일인 만큼 외로울 수밖에 없다. 조국에 있다면 부모와 가족들이 살뜰하게 챙겨주었을 생일이 아닌가. 그런 그들에게 교회에서 케이크와 이런저런 음식을 장만해 생일 파티를 해주니 감사한 마음이 절로 생긴다고 한다.

박신용 전도사는 유창한 영어 설교와 성경 공부를 통해 복음을 전달하고 있다. 유머 감각을 가진 그는 예배를 재미있게 리드해 외국인들에게 큰 위안을 준다.

외국인부는 주일날 오후 4시에 한국어를 한 시간 정도 배우고 5시에 예배를 시작한다. 현재 재적 인원은 30명이 넘지만 실제 참석자는 평균 20명 정도다. 이들은 대부분 필리핀 사람들이다. 주일에도 일하는 성도가 있어 불가피하게 참석하지 못하는 경우도 있다. 예배가 시작되기 전 30분 동안 찬양을 한다. 필리핀 사람들의 천부적인 음악성 때문에 찬양과 율동이 퍽 자연스럽고 재미있다. 그들은 열심히 찬송가를 부르면서 일주일의 피로를 다 쏟아내는 기쁨과 은혜의 시간을 갖는다.

찬양을 리드하는 테스는 몸과 마음을 다하여 열정적으로 찬양을 이끌어간다. 필리핀에 네 자녀를 두고 온 그녀는 남편과 함께 서울에서 돈을 벌어 아이들 교육을 뒷바라지하고 있다. 우리나라에 온 지는 4년, 광염교회에 온 것은 2년이 되었다. 그녀는 교회에 온 후 마음의 안정을 되찾았다며 박 전도사와 한국의 자원봉사자들의 뜨거운 사랑 덕택에 마치 형제 자매라는 느낌을 갖게 되었고, 일요일 오후에 찬양을 인도하는 데서 기쁨과 만족을 찾는다고 말한다.

또한 외국 생활에서 많은 어려움과 문제를 만나지만 늘 기도로 극복하여, 이제 두려움보다는 편안함을 느끼게 되었다. 특히 치과의사인 배상만 집사가 이가 아파 고생할 때 무료로 치료해주어서 너무 고마웠다고 덧붙인다.

예배가 끝나면 저녁식사를 하면서 교제를 나눈다. 첫째 주와 둘째 주는 필리핀 사람들이 음식을 준비하고, 셋째 주와 넷째 주는 우리나라 교인들이 한국 음식을 대접하면서 서로의 문화를 이해하는 시간을 갖는데, 이들을 위해 많은 교인들이 자발적으로 참여하여 도와주고 있다.

미션 하우스의 최고참인 알프레도는 담임목사와 교인들의 뜨거운 사랑과 열린 마음에 감사하면서 다음과 같은 글을 홈페이지에 올렸다.

누가 나에게 광염 교인들이 외국인들에게 어떻게 대해주느냐고 물으면 그들은 진정한 그리스도인으로서 그들이 우리에게 베풀어준 사랑과 선함은 말로 표현할 수 없을 정도라고 솔직하게 말할 것이다. 나는 그들의 삶을 통해 성령의 열매가 무엇인지를 보았다. 그들은 주님을 따르는 사람들이다. 그들은 예수님의 사랑, 격려, 관심, 친절, 위로 자체라고 말하고 싶다.

사실 고국의 가족들과 멀리 떨어져 있는 우리 외국인 근로자들은 외로운 사람들이다. 하지만 외롭고 힘든 것을 참을 수 있는 힘은 교회 식구들이 우리들이 처한 환경을 이해하고 잘 적응할 수 있도록 도와주는 데서 나온다. 다른 어떤 이유에서도 아니다. 외국인부 식구들 마음에 예수님 안에서 행복과 기쁨, 평안함이 있기를 소망하고 있을 뿐이다. 그래서 우리의 입술에 미소가 함께 하기를 바라는 마음으로 멀리 이곳에 온 우리들을 보살펴주고 있는 것이다. 나는 예수님의 어린 양이 되어 손을 들고 찬양과 기도를 한다.

광염교회 식구들에게 주님의 은혜를 가득 부어주소서.

예수의 사랑을 실천한 사랑의 집 3호

예수님은 원수를 사랑하라고 가르쳤다. 자신을 사랑하는 사람을 사랑하는 것은 누구나 할 수 있기 때문이다. 산상수훈에서 예수님은 "너희가 너희를 사랑하는 자를 사랑하면 무슨 상이 있으리요. 세리도 이같이 아니하느냐. 또 너희가 너희 형제에게만 문안하면 남보다 더하는 것이 무엇이냐. 이방인들도 이같이 아니하느냐"고 말씀하시면서 이유나 조건부 사랑을 뛰어넘어 절대적인 사랑을 실천할 때 비로소 세상과 차별되고 하늘의 상이 기다린다고 가르쳤다.

절대적인 사랑의 극단적인 경우가 바로 원수를 사랑하는 일이다. 인간적으로는 도저히 사랑할 수 없는 상황에서 사랑하는 것을 의미한다. 원수가 아니라 자신에게 조그만 손해를 끼친 사람이라도 사랑하기 어려운 게 현실이다. 아니 사랑은 차치하고 미워하지 않는 것도 어려운 일일 것이다.

광염교회에서는 교회에 큰 상처를 안겨준 불우한 가정에 사랑의 보금자리를 마련해주었다. 그 주인공은 바로 아내와 이혼하고 초등학교에 다니는 두 아들과 살아가는 C씨다. 그는 교회에 돌이킬 수 없는 상처와 아픔을 남겨준 사람이다. 몇 년 전에 교회에서 외국인 근로자를 돌보고 있을 때 경찰에 신고하여 그들을 추방시킨 장본인이기 때문이다. 조 목사가 파출소에서 만났을 때 그는 술이 취해 고래고래 소리를 지르면서 "다 추방시켜, 다 쫓아내란 말이야. 내가 신고했다"라고 자랑스럽게 떠들어댔다.

그는 IMF 경제위기 때 실업자가 된 사람이었다. 자신의 일자리가 없어진 것을 엉뚱하게 불법 취업중인 외국인 근로자들 탓으로 돌렸다. 더욱이 교회가 자신처럼 불우한 이웃은 제쳐두고 외국인 근로자들에게 관심을 쏟는 것이 못마땅하여 그들을 추방시켜야 한다며 그 같은 일을 저지른 것이다. 그는 술이 깬 후에 자신의 행동을 후회하고 취소할 것을 요구했으나 이미 엎질러진 물. 할 수 없이 신고를 당한 몇 명의 외국인 근로자들은 눈물을 머금은 채 돈을 벌어 금의환향하겠다는 꿈을 접고 초라한 모습으로 고국으로 향해야 했다.

이렇게 시작된 교회와 C씨의 관계는 엉뚱한 방향으로 진행되었다. 원수는 외나무 다리에서 만난다고 했던가.

어느 날 교회 여집사 한 분이 제안을 했다.

"목사님, 주위에 아주 불우한 이웃이 있는데 차마 불쌍해서 볼 수가 없으니 좀 돌보아주세요."

그녀는 그 집 아이들이 매일 밥도 제대로 먹지 못하고 거의 헐벗은 채 다니는데 너무 불쌍하다며 눈물을 흘렸다. 그날 저녁 조 목사가 그의 집을 방문했는데 그의 얼굴이 왠지 낯설어 보이지 않았다. 기억을 되살려보니 바로 몇 해 전 외국인 근로자를 신고해 추방하게 한 C씨였다. 순간 인간적인 고민이 스쳐지나갔다. 하지만 그의 현재 상황이 무척 안타까웠다.

아내와 헤어진 그는 녹내장을 앓고 있어서 앞을 볼 수 없었기 때문에 생계조차 막막한 상황이었다. 초등학교에 다니는 두 아이는 라면으로 끼니를 때우고 있었다. 집도 지하인데다 돌보지 않아 돼지우리가 따로 없을 정도로 지저분하였다. 이런 곳에 사람이 살고 있다는 게 신기할 따름이었다. 더욱이 밀린 월세 때문에 곧 길거리로 내몰릴 상황이었다. 이 일을 어찌할까. 사랑의 집 1호의 주인공인 모녀 가정과는 달리 C씨 가족은 교인도 아니지 않은가.

구제위원회에서 논의를 했는데, 결론은 그를 용서하고 그에게 예수님의 사랑을 선물해주자는 쪽으로 내려졌다. 그렇게 사랑의 집 3호가 탄생하게 되었다. 세상의 관점에서 바라볼 때 사랑의 집 3호는 태어나기 어려운 조건을 가지고 있는 셈이었다. 그럼에도 불구하고 교회는 조건부 사랑이 아닌 절대적인 사랑으로 C씨 가정을 기쁨으로 품기로 했다. 지하 셋방에서 신음하는 이 가정을 지상으로 끌어올려 하나님의 사랑을 느끼도록 해준 것이다.

2천만 원에 허름한 집을 전세로 얻어 대대적인 리모델링 작업을 실시했다. 조 목사와 성도들은 예수님의 방을 만든다는 거룩한 사명감과 지극한 정성으로 집을 가꾸었다. 직접 페인트칠을 하고 도배를 하고 욕조를 고치면서 사랑의 수고를 아끼지 않았다. 어느새 헌 집은 간 데 없고 전혀 다른 모습으로 변해 있었다.

아마추어들이 모여서 집을 만들다 보니 깔끔한 맛은 덜할지라도 사랑과 정성이 넘치는 집을 만들어냈다. 완전히 새 집이 되었다. 집주인은 깜짝 놀라면서 앞으로 계속해서 사세요. 지금 사시는 분이 형편이 좋아져 나가면 또 어려운 사람이 와서 살도록 하면 좋겠네요라며 헌 집을 새 집으로 만들어준 데 대한 고마움을 표시했다. 이후 동네에서는 교회가 사랑의 집으로 쓴다고 세 달라고 하면 묻지도 말고 주라고 소문이 났다.

C씨는 교회의 사랑에 감동한 나머지 조 목사를 찾아와 조용히 무릎을 꿇고 용서를 빌었다. 용서하기 전까지는 일어서지 않겠다고까지 했다. 조 목사는 "사랑하는 형제님. 하나님께서 우리를 서로 만나게 해주시려고 한 것입니다. 사랑합니다. 우리의 사랑을 받아주시니 오히려 고맙습니다"라고 하면서 포근한 예수님의 사랑을 전해주었다.

지금 사랑의 집 3호에서는 삼부자가 예수님의 사랑을 체험하며 행복한 시간들을 보내고 있다. 특히 교인들의 도움으로 C씨는 녹내장을 수술하여 시력을 회복했고, 교회에서 직장까지 알선해주어 지금은 안정된 생활을 누리고 있다. 그렇지만 광염교회 사람들은 C씨에게 꼭 교회에 나와야 한다는 부담을 주지는 않는다. 다만 주님의 사랑을 느끼고 진리 앞에 바로설 수 있기를 기도하고 있을 뿐이다. 다행히 C씨도 주님의 사랑이 무엇인지 알고 느끼면서 하나님을 믿기 위해 노력하고 있다.

하나님은 광염교회에 사랑의 집 3호를 통해 예수님이 강조한 절대적인 사랑의 모델하우스를 허락하셨다. 역동성과 다양성이 숨쉬는 교회에 진한 사랑의 향기를 선물로 보내주신 것이다.

사랑과 행복이 넘치는 광염학사

교회에서는 10주년 기념 사업의 일환으로 2002년 3월 거처할 장소가 없거나 돌보아줄 부모가 없는 젊은 사람들을 위해 기숙사인 광염학사를 마련했다. 보증금 3천만 원, 월세 25만 원에 마련한 단독주택 2층에 네 명이 입주했다. 박현덕 전도사를 지도 교역자로 하여 대학생들인 류태진, 조범민, 홍철진 군이 함께 살게 됨으로써 사랑의 집 4호인 광염학사가 아름다운 모습으로 탄생한 것이다.

조 목사와 성도들이 직접 도배를 하고 장판을 깔면서 사랑의 마음도 함께 심어놓았다. 또한 각종 집기와 비품은 성도들이 어버이의 마음을 담아 직접 마련해주었다. 이상숙 집사는 560리터짜리 대형 냉장고를, 남영욱 집사는 세탁기를, 오원석 집사는 10인분의 그릇 세트를, 문경숙 집사는 코끼리표 전기밥솥을 기증했다. 교회에서는 컴퓨터와 책상을 준비했다. 학사에 굴러다니는 주전자 하나에도 사랑의 꼬리표가 붙어 있어 교인들의 사랑과 관심이 배어 있음을 느낄 수 있다.

박 전도사는 학사에 입주한 첫날밤 학사생들과 모여 기도하면서 하나님과 성도님들이 우리에게 주신 그 사랑에 너무나 감격하고 감사했다면서 한편으로는 책임감도 느끼게 되었고, 성도님들의 사랑에 보답하는 길은 학사에서 열심히 하나님의 영광을 위해 사는 일이라고 다짐

했다.

광염학사는 개관 즉시 홈페이지를 아기자기하게 만들었다. 학사생들은 입주한 지 얼마되지 않아 형제처럼 가까워지면서 각자의 별명을 지어 부르기 시작했다.

손에 연장만 쥐면 뚝딱뚝딱 무슨 일이든 척척 해내는 중국 광염관 출신 홍철진의 별명은 홍박사. 김치 볶기부터 밥 짓기, 설거지, 청소에 이르기까지 모든 일을 완벽하게 해내는 류태진의 닉네임은 류잘난. 함께 식사를 하다가도 그의 동작을 보면 너무 웃겨서 밥을 제대로 못 먹을 정도로 웃기는 조범민은 액션 전도사, 그리고 박현덕 전도사는 560리터 냉장고처럼 속이 꽉 차 있고 책임감이 크다는 의미에서 560이라고 불린다.

광염학사의 냉장고에는 먹을 것이 늘 가득 차 있다. 교인들이 갖다주는 삼겹살, 김치, 과일 등으로 빌 날이 없다. 여전도회에서 가져다주는 밑반찬으로 항상 푸짐한 식탁을 차릴 수 있다. 인간에게 가장 무서운 적은 외로움이라고 했던가. 밤늦게 들어가도 온기 없는 빈 방은 늘 허전한 마음을 더해줄 뿐이다. 그러나 이제 함께 사는 형제들이 있으니 집에 가도 따스한 사람의 체취가 있고 귀가가 늦으면 늦게 온다고 잔소리하는 식구가 있는 것이 그저 감사할 뿐이다.

광염학사는 주일날이면 교인들에게 잠깐 쉬어가는 휴게실로 개방된다. 등산 전도대, 병원 전도대 등 각 전도 대원들은 이곳 학사에서 옷을 갈아입거나 잠시 피곤한 눈을 붙이기도 한다.

광염학사의 홈페이지에는 그들이 함께 생활하면서 겪은 코미디처럼 재미있는 이야기, 뜨거운 형제애를 느끼는 감동적인 이야기가 가득

하다. 다음에 박현덕 전도사가 올린 글을 소개한다.

　　냉동실을 열어보니 우리 중 누구도 넣어두지 않은 인절미가 들어 있었다. 냉동실에 있었으니 꽤 딱딱해졌으리라 생각하고 전기밥통에 넣어두고 누글누글해지면 먹기로 했다. 그런데 오늘 아침에 밥통을 열어본 태진이는 코를 찌르는 냄새에 기겁을 하고 말았다. 우리가 인절미인 줄로만 알았던 그것은 된장이었던 것이다. 다 뭉개져서 한 덩어리가 되어버린 된장 이야기와 밥통에 가득한 된장 냄새 때문에 한참 동안 웃지 않을 수 없었다.

　　광염교회 사람들의 광염학사생들에 대한 기대 또한 남다르다. 지금 광염학사에서는 장차 한국을 이끌고 나갈 미래의 꿈나무, 지도자들이 크고 있다. 건물보다는 사람을 키운다는 교회의 비전이 광염학사를 통해 구체화되고 있는 것이다. 사랑의 집이 더욱 귀하고 자랑스러운 것은 모두가 상가 임대 교회라는 불편을 감수하면서 일구어낸 합작품이기 때문이다.

희망의 등불, 광염대학교

광염교회는 매년 청년들을 해외로 보내고 있다. 청년들은 단기 선교활동을 위해 2001년에는 타이완, 2002년에는 캄보디아에 다녀왔고 2003년에는 인도로 떠날 예정이다. 캄보디아 선교 때는 1인당 78만 원의 비용 중 교회가 50만 원을 지원했기 때문에 80명이라는 많은 청년들이 참여할 수 있었다. 게다가 선교 비용의 상당 부분이 교인들의 정성어린 십일조에서 지원되기 때문에 참가자나 그 가족만의 행사가 아니라 전 교인의 축제로 승화될 수 있었다.

80명의 청년들은 복음 증거뿐 아니라 가난으로 고통받고 있는 현지인들을 돕기 위해 많은 물자를 준비했고 광염대학교(Light & Salt University) 학생들을 위해서는 25대의 컴퓨터와 2대의 발전기를 기증했다. 광염대학교는 절망의 땅 캄보디아의 빛과 소금이 되기 위해 설립한 학교인데 사실 셋방살이 교회에서 대학을 세운다는 것은 상상하기 어려운 일이다. 어떻게 이런 일이 가능했을까.

광염대학교 설립의 견인차 역할은 정원일 선교사가 담당하였다. 그는 태국 선교사로 활동하면서 늘 캄보디아 선교를 꿈꾸어왔다. 공산주의의 광풍이 휩쓸던 1975년부터 1978년까지 1천만 명의 인구 중 170만 명이 죄 없는 죽임을 당한 나라. 현재 1인당 국민소득 275달러로 지구

상에서 가장 가난한 나라 캄보디아야말로 주님의 사랑이 진정으로 필요한 곳이라고 생각했기 때문이다. 그러다가 2002년 1월 재정 부장을 맡고 있는 김태호 집사 집에서 정 선교사 부부를 초청하여 저녁식사를 하게 되었는데 이때 조 목사가 자리를 함께 하게 되었다.

정 선교사가 캄보디아 선교에 대한 비전을 설명하자 조 목사는 그가 확실한 비전과 구체적인 계획을 가지고 있음을 보고 감동하였다. 특히 많지 않은 돈으로 신학대학교 설립이 가능하다는 말을 전해 듣고 대학 설립을 결심하게 되었다. 그때는 조 목사와 정 선교사가 처음 만나 그저 지나가는 투로 이야기를 나누었다고 한다.

"하나님이 허락하신다면, 시소폰 지역에 가로 세로 100미터인 땅이 있는데 그것을 구입해 신학교 건물을 짓고 싶습니다. 신학교에서 대학교로 발전시킬 계획도 있구요."

"그 땅을 구입하는 데 얼마나 들지요?"

"우리나라 돈으로 1천만 원이면 됩니다."

"건물을 짓는 데는 얼마나 듭니까?"

"가로 12미터, 세로 9미터짜리 단층 건물을 직접 지으면 1천만 원을 갖고 세 동 정도 지을 수 있습니다."

"그러면 총비용은 얼마 정도 들겠습니까?"

"2천만 원 정도면 될 겁니다."

"신학교 이름은 뭘로 할 생각입니까?"

"캄보디아신학교, 복음주의신학교……. 아직 구체적으로 정하진 않았습니다."

"그렇다면 광염신학교로 할 수도 있습니까?"

"그거야 가능하지요."

"그래요."

이렇게 식사하면서 가볍게 이야기를 나눈 후 교회로 돌아온 조 목사는 곧바로 회의를 소집하여 학교 설립의 취지를 설명하고 동의를 얻은 후 즉시 실행에 옮기게 되었다. 오히려 놀란 쪽은 정 선교사였다. 지금까지 자신의 꿈을 진지하게 들어주는 사람은 거의 없었다. 사실 정 선교사는 광염교회에서 파송한 선교사가 아니다. 그러나 하나님은 광염교회와 정 선교사의 만남을 주선하고 성령으로 일을 이루게 하여 광염대학교를 탄생시켜주신 것이다. 그것도 처음에는 광염신학교로 출발하였으나 인가 과정에서 대학교로 승격되었다.

광염대학교 건물은 수도 프놈펜에서 차로 8시간 정도 떨어진 시소폰에 자리잡고 있으며 현재 거의 완공 단계에 이르렀다. 7천여 평의 부지에 현재 대학 본부, 강의실, 채플실, 식당으로 사용될 네 동의 건물이 건축중에 있다. 부지 구입과 건축비는 전액 광염교회의 정성어린 헌금으로 지원되고 있다. 현재까지 지원된 금액은 7만 5천 달러 정도이다.

조 목사와 교인들은 광염대학교를 해외 선교의 교두보로 여기고 있다. 죽음의 땅 캄보디아를 광염대학교를 통해 빛과 소금의 땅으로 변화시킬 꿈을 꾸고 있는 것이다. 지금 캄보디아는 불교 국가가 대부분인 동남아시아에서 유일하게 선교의 자유를 보장하고 있기 때문에 복음의 전초지 역할을 훌륭하게 감당할 수 있는 곳이다.

광염대학교 총장은 정원일 선교사가 맡았으며 현재 학생수는 총 53명이다. 현지의 각 교단에서 목회자 후보생으로 입학한 이들 전원이 장학금으로 공부하고 있다. 정 총장은 주어진 과제를 감당하느라 늦은 밤에도 성경을 읽고 있는 학생들을 보니 이 나라의 미래가 밝다고 기쁨을 감추지 못한다. 킬링필드의 대학살과 내전의 어두운 터널에서 살아남은 학생들은 가난과 질병 속에서 방황하다가 새로운 삶을 살아가고 있다.

광염교회 사람들은 자신들이 조금만 불편을 감수하고 절약하며 살면 캄보디아 땅에 복음의 전당을 세울 수 있으니 정말 값진 희생이 아닐 수 없다고 생각하고 있다. 특히 이 땅의 기독교인들은 서양의 선교사들에게 복음을 빚진 자들이 아닌가. 이제 광염대학교를 통해 진 빚을 조금이라도 갚을 수 있으니 가슴이 벅차오를 수밖에 없다고 고백한다.

북한 동포를 위한 중국 광염관

광염교회는 북한 선교에 대해서도 관심을 갖고 실천해왔다. 우리에게 북한은 가장 중요한 선교지이다. 현재 우리나라는 세계 각국에 1만 명 이상의 선교사를 파송하고 있지만 북한에서의 선교활동은 금지되어 있는 상황이다. 하나님께서는 이런 상황에서 북한을 염두에 두고 미션 허브(mission hub)로 중국과 북한의 국경선 근처에 중국 광염관을 세우게 하셨다. 중국 광염관의 설립 배경 또한 드라마틱한 측면이 있다.

수년 전 중국을 방문한 조 목사를 통해 한 여인이 예수를 영접하였고 이 여인이 남편을 전도했다. 얼마 후 이 내외가 여인의 고향으로 내려갔다. 남편의 질병과 사업의 실패 등으로 낙향을 한 것이다. 그런데 하나님께서는 그들이 간 그곳에서 놀라운 일을 준비해놓으셨다. 마침 그곳이 북한과의 접경 지역이어서 밤마다 굶주림에 허덕이는 북한 사람들이 목숨을 걸고 넘어와서 이 부부에게 양식을 구했던 것이다. 그들에게 줄 양식이 없던 이 부부가 광염교회에 그 사정을 알리고 도움을 청했다. 광염교회는 이들을 통해 먹을 것을 구하러 온 사람들에게 줄 식량을 공급하기 시작했다.

조 목사는 사람이 굶어죽는 현장을 그저 바라만 보고 있을 수 없었고, 양식을 찾아 목숨을 걸고 국경을 넘은 이들을 빈손으로 돌려보낼 수는 없었다고 당시를 회상한다.

중국 광염관은 이렇게 시작되었다. 그후로 중국 광염관을 통해 하나님은 굶어죽을 수밖에 없던 많은 사람들의 생명을 살리셨다. 지금은 교회가 마련해준 3만 평의 농장에서 얻은 소출 모두가 어려운 이웃들에게 전해지고 있다. 중국 광염관의 이야기가 공개되면 상상을 초월하는 드라마 같은 소재들이 무궁무진하다.

중국 광염관의 실제 이야기를 당사자와 현지에서 활동하는 사람들을 위해 좀더 실감나게 공개할 수 없다는 사실이 안타까울 따름이다. 실제 이야기가 완전히 밝혀지는 그날이 오면 많은 사람들은 그 이유를 자세히 알 수 있을 것이다.

광염교회의 목사와 교인들은 교회의 이름을 빛내기보다는 관계되는 사람들에게 진정한 사랑을 베푸는 것에 일차적인 목적을 두고 있기 때문이다. 광염교회 사람들은 통일의 그날을 기다리며 중국 광염관을 통해 구제와 전도사업을 지혜롭게 진행하고 있다.

또한 그곳에서 이루어지는 기적 같은 이야기들을 통해 하나님이 살아서 역사하심을 느끼고 있다. 나아가 중국 광염관은 13억이라는 세계 최대의 인구를 가진 중국을 복음화시키는 데에도 전초 기지의 역할을 담당하게 될 것이다.

목회자 유가족을 돕는 사람들

목유사. 목회자 유가족을 돕는 사람들의 약칭이다. 교회에서 목회자 유가족을 위한 홈페이지(http://ilovego.or.kr)를 만들면서 편의상 부르기 시작하였으나 이제 꽤 낯익은 이름이 되었다. 조 목사가 목유사의 필요성을 느낀 이유는 국가를 위해 싸우다 운명을 달리한 유공자들의 가족과 예수님의 일을 하다 소천한 목회자 가족들에 대한 예우가 너무 차이가 나기 때문이었다.

정부에서는 독립운동가, 전쟁 유공자, 민주화 운동가 등에 대해 감사함을 표시하고 최대한의 보상을 해주려고 노력하고 있다. 이들을 위해 현충일을 정하여 기념하고 순국 선열과 국가 유공자들에 대한 조의와 함께 존경의 마음을 극진하게 전하고 있다. 그 자손들 역시 정부에서 학비와 직장까지도 마련해주는 특전을 부여받고 있다.

그런데 목회자 유가족에 대해서는 교회 차원에서조차 제도적인 보상 장치가 마련돼 있지 않다. 조 목사는 고 최완규 강도사의 죽음을 계기로 목회자 유가족 돕기에 팔을 걷어붙이고 나섰다. 조 목사는 유가족들의 실상을 전해 듣고 마음이 아팠다. 심지어 목회자의 유족임을 숨기고 죄인처럼 살아가는 경우도 있다니 생각할수록 하나님 앞에 고개를 들 수 없는 심정이었다. 그래서 즉시 〈기독신문〉과 함께 '남겨진 가족,

우리의 몫입니다' 라는 구호를 내걸고 유가족 돕기 운동을 시작하였다. 〈기독신문〉의 김희돈 기자는 한국 교회가 모은 성금으로 최 강도사 유족이 아파트에 입주하는 날, 눈시울을 적시게 하는 기사를 썼다.

"한국 교회는 사랑입니다. 누가 한국 교회에 사랑이 식었다고 말했습니까? 남겨진 가족을 한국 교회는 결코 외면하지 않았습니다."

지하 사택과 철거 직전의 사택을 거쳐 강릉시 입안동 현대아파트로 입주한 고 최완규 강도사 가정. 이들이 정착하게 된 새로운 보금자리엔 해맑은 햇빛이 가득 쏟아져내리고 있었다. 캠페인을 시작한 지 한 달이라는 짧은 시간. 그러나 하나님께서 우리 가정을 선한 길로 인도해주실 것이라는 최 강도사의 믿음의 고백이 이루어지기에는 그리 짧은 시간이 아니었다. 6216만 1360원. 남겨진 가족을 위해 44개 교회들과 197명의 성도들이 보내온 온정의 손길이다. 투병 중에 모금된 4천만 원까지 포함하면 한국 교회는 이 가정을 위해 1억 원이라는 거액을 모은 셈. 이것은 조현삼 목사의 말대로 한국 교회가 아직 희망적이라는 실질적인 증거이기도 하다.

"공중에 붕 떠 있는 것만 같아요. 지금도 믿겨지지가 않아요."

남은희 사모는 아직도 꿈을 꾸고 있는 것 같다고 말한다. 소외된 이웃을 잊지 않는 목회를 하자는 이야기를 최 강도사와 자주 나누곤 했다는 남은희 사모. 그런데 미처 베풀기도 전에 오히려 그 사랑을 먼저 받게 되었다며 그녀의 얼굴이 붉어진다. 아이들의 표정에도 생기가 넘쳐난다. 무혈성괴사를 앓고 있는 종현이도, 여전히 기침을 하고 있는 신현이도, 그리고 막둥이 시은이도 신이 나 있었다. 이전

보다 인사하는 목소리도 크고 밝기만 하다. 비록 최 강도사의 어머니가 방 한쪽에 앉아 눈물을 흘리고 있었지만 세 아이들은 아파트 이곳저곳을 열심히 뛰어다니며 재롱을 부린다.

"하나님께서 우리 가족을 선한 길로 인도해주실 터이니 아무 염려 말아요……."

고 최 강도사의 믿음대로 하나님은 한국 교회를 통해 이 가정을 책임지셨다. 입주 예배 내내 여기저기에서 기쁨의 탄성이 들려왔다. 무엇보다 온갖 고난 끝에 이처럼 아름다운 보금자리를 얻게 된 감격이 너무나 크지만, 하나님의 신실하심과 함께 아직까지 희망적인 한국 교회의 모습을 발견하게 된 기쁨 또한 적지 않았으리라.

예배를 마칠 무렵, 남은희 사모가 갑자기 흰 봉투를 내밀었다. 자신처럼 어려움에 처한 목회자 가정을 위해 500만 원의 성금을 본사에 기탁해온 것이다. 어딘가에서 자신처럼 캄캄한 현실의 벽 앞에 쓰러져 있을 그 누군가를 위해 자신이 받은 사랑을 나눈 것이다. 남은희 사모가 기탁한 500만 원은 제2, 제3의 목회자 유가족을 돕기 위한 첫 사랑의 성금이 되었다.

서울광염교회는 앞으로도 교회를 개척하다 소천한 목회자의 유가족을 돕기 위해 상설 캠페인을 계속해서 추진하겠다고 말한다. 이것은 한국 교회가 보여준 기적 같은 사랑 때문이며 희망 때문이라고 했다. 이에 본사도 험한 세상 가운데 남겨진 목회자의 가족과 한국 교회를 연결해주는 가교의 역할을 감당하려 한다. 남겨진 목회자 가족은 하나님께서 한국 교회에 맡겨두신 우리 모두의 몫이기 때문이다. 이렇게 해서 서울광염교회는 목유사의 홈페이지를 상설화하고 계속적인 캠페인을 벌이고 있다.

서울광염교회 담임목사는 "목유사 운동을 전개하면서 하나님께서는 그들을 우리에게 맡기셨습니다. 한국 교회는 그들을 우리의 몫으로 받았습니다. 이제 우리 한국 교회는 더 이상 골육을 피하여 숨지 않기로 했습니다. 목회자 유가족들을 돕는 일을 시작하기로 했습니다"라고 말했다. 그리고 "이 운동은 어느 특정한 사람들이 운영하는 것이 아닙니다. 한국 교회와 모든 성도들이 함께 참여하는 운동입니다. 지금 많은 기독 언론과 교회들이 이 일에 함께 참여하고 있습니다"라고 목유사 운동의 취지를 설명했다.

이어서 광염교회에서는 목유사의 기획실장과 총무에 박현덕 전도사와 이철수 집사를 각각 임명함으로써 홈페이지 관리와 제반 행정 업무를 맡도록 하였다.

현재 목유사의 두 번째 대상은 전남 무안에서 목회를 하다 소천한 고 김대근 목사 유가족이다. 남은 가족으로는 올해 서른한 살의 사모와 어린 두 아이가 있다. 지금 김 목사의 유가족에 대한 한국 교회의 사랑도 줄을 잇고 있다. 이제야 예수님께서도 마음 한쪽에 그늘처럼 남아 있던 안타까움을 씻어내고 활짝 웃으시지 않을까.

재난 현장을 누비는 한국기독교연합봉사단

광염교회에는 재난의 현장을 찾아다니는 사랑의 119 구조 대가 있다. 다름 아닌 한국기독교연합봉사단이다. 이 단체는 1995년 삼풍백화점 붕괴 현장에서 결성되었다.

조 목사는 여름성경학교 교사 강습회 강의를 하러 경기도 성남으로 가던 중 라디오에서 그 처참한 소식을 들었다. 순간 하나님이 말씀하신 징조라는 생각이 들어, 회개 기도부터 하였다. 그리고 강의가 끝난 후 라디오에 귀를 기울이고 운전을 하던 중 손전등, 절단기, 담요 등이 필요하다는 방송을 듣고 급히 사고 현장으로 핸들을 돌렸다. 얼마 안 되는 강사료지만 손전등 몇 개라도 사서 도움을 주고 싶은 마음이 생겼기 때문이다.

가슴 졸이며 도착한 현장은 한마디로 대형 폭탄에 폭격 맞은 전쟁터였다. 다 부숴져 껍데기만 덩그러니 남아 있는 건물들, 매캐한 연기 속에 이리저리 널브러져 있는 사람들, 그들을 구하는 구조 대원의 왁자지껄한 소리들……. 대체 뭐가 뭔지 정신을 차릴 수 없었다.

조 목사는 월간지 〈빛과소금〉의 인터뷰에서 당시의 긴박했던 상황을 설명했다.

"현장에는 수많은 시민 봉사자들이 있었습니다. 그러나 모두들 어떻게 해야 할지 모른 채 우왕좌왕하는 모습이었어요. 저는 그분들을 규합해 속은 다 무너지고 벽만 남아 있는 B동 현관을 통해 들어갔습니다. 2차 붕괴 위험 때문에 쉽게 접근하기 어려운 곳이었죠. 119 구조대의 손길조차 미치지 못하는 곳이었습니다."

조 목사가 건축물 쓰레기 매립장 같은 내부를 손전등으로 비추자 몇 구의 사체를 발견할 수 있었다. 사체를 인양하려는 봉사자들을 만류한 조 목사는 생존자를 찾는 것이 무엇보다 급하다고 말했고 계속 그 작업에 전념하도록 독려하였다.

새벽 1시 30분이 넘은 무렵, 한 봉사 대원으로부터 생존자가 있다는 소식을 접했다. 남녀 2명이었다. 그 자리에 있던 시민 봉사 대원들은 서로 합심하여 그들을 발견한 지 20분 만에 구출, 병원으로 신속하게 이송할 수 있었다. 그리고 다음날 오전 11시, 현장을 떠날 때까지 12시간 동안 구조작업은 계속되었다.

피곤한 몸을 이끌고 교회로 돌아온 조 목사는 그날 밤을 성도들과 함께 회개하며 지새웠다. 기도 제목은 우리 민족이 사치한 것, 그리스도인으로서 사회의 빛과 소금의 사명을 다 감당하지 못한 것, 위정자의 올바른 통치를 위해서였다. 그리고 주일에는 성도 12명과 함께 다시 현장을 찾았다. 100만 원이 채 안 되는 맥추감사절 헌금을 가지고. 여자들은 구조 대원들에게 음료수 나누어주는 일을 하고, 남자들은 조 목사와 함께 자원봉사 요원으로 또다시 현장 구조작업에 나섰다.

봉사는 여기서 끝나지 않았다. 화요일 성경공부를 마친 구역장들과 함께 실종자 가족들이 있는 서울교대 체육관을 들렀다. 그곳은 사고 현장만큼이나 사랑의 손길이 절실했다.

"실종자 가족들의 처참한 모습을 바라보면서 그분들이 당하고 있는 고통을 조금이라도 함께 나누고픈 마음이 간절했어요. 체육관 앞 한쪽에 텐트를 치고 봉사를 시작했죠. 그곳에서 라면과 커피 등을 준비했어요. 그리고 식사가 부실한 그들을 위해 식사도 준비했습니다."

그러나 조 목사는 그 자리가 서글펐다고 한다. 다른 종교 단체에서는 실종자들을 위한 자원봉사를 벌써부터 시작했는데, 유독 기독교 관련 단체의 활동은 눈에 띄지 않았기 때문이다. 또한 당시 광염교회는 개척교회 처지여서 자금이 부족하여 지속적인 봉사를 할 수 없었고 그때문에 더욱 마음이 아팠다는 것이다.

그러던 중 기독교윤리실천협의회의 유해신 총무가 현장을 방문하였고 만나자마자 두 사람은 의기투합하여 한국기독교연합봉사단을 조직하여 한국 교회가 참여할 수 있는 기틀을 마련했다. 그 이후로 사고 수습이 끝날 때까지 한국기독교연합봉사단은 한국 교회의 적극적인 참여에 힘입어 하루 24시간씩 3교대로 실종자 가족들을 위해 식사 등 온갖 편의를 제공해 훈훈한 미담의 주인공이 될 수 있었다.

한국기독교연합봉사단은 그후 재난이 발생하면 물불을 가리지 않고 어디든 달려간다. 1998년에 경기 북부 지역에 수해가 발생했을 때도 수재민들을 위한 적극적인 봉사활동을 펼쳤다. 그들은 의정부 지역이 침수되던 날 침수 피해를 입은 의정부 세 개동 2,400여 세대 주민들을 위해 경의초등학교에 구호센터 천막을 설치하고 봉사에 나섰다. 먼저 방송과 교회에 수재 사실을 알리고 봉사를 요청하는 데 주력했으며 수재민들에게 즉석에서 먹을 수 있는 2천~3천 개의 컵라면과 생수, 간식 등을 매일 제공했다. 또 복구 작업에 직접 뛰어들었다.

2000년 고성에 산불이 났을 때도 현지에 내려가 피해를 입은 지역 주민들을 그리스도의 사랑으로 돌보았다. 재난이 발생하면 현지에 직접 가서 지역교회협의회를 재난 대책 기독교협의회로 전환하여 봉사하도록 자문하고 후방 지원을 하기도 한다.

2001년에는 가뭄 때문에 고통을 당하는 경기 북부 주민들에게 물자동차를 몰고 찾아가 밤새워가며 물을 공급하면서 농부들과 함께 했다. 열흘 넘게 함께 고생하며 비 오기를 간절히 기도하다가 떨어지는 빗방울을 보았을 때 봉사 대원들은 하늘을 날 듯이 기뻤다.

그들의 눈부신 활동에도 불구하고 조직은 의외로 단순하다. 단장은 조현삼 목사가 맡고, 기획실장은 이석진 전도사가 맡았다. 재난 현장에 긴급하게 출동해야 하는 봉사단의 특성 때문이기도 하다. 일상적인 봉사활동은 주로 광염교회 사람들이 맡아서 하고 있다. 소요되는 경비의 대부분도 교회 재정으로 충당하고 있다. 홈페이지 곳곳을 둘러보면 이 사실을 금방 알 수 있다.

하지만 광염교회라는 이름 대신에 한국기독교연합봉사단이란 이름을 사용하는 이유는 광염교회라는 개별 교회보다 한국 교회의 이름을 세상 가운데 빛과 소금으로 드러내기 위해서이다. 그래서 긴급 재난이 발생하게 되면 현장에 출동해 재난을 당한 이웃에게 한국 교회의 사랑을 전달하는 역할을 수행하게 된다.

세상 사람들에게 사랑을 실천하고 보여주는 것이 예수님을 전하는 가장 쉬운 방법일지 모른다. 믿지 않는 사람들에게는 성경을 통해 예수님을 영접하기보다는 기독교인을 보고 예수님의 모습을 그려보는 것이 오히려 쉬울 것이다. 한국기독교연합봉사단이 소중한 이유가 바

로 여기에 있다. 사랑을 목마르게 기다리는 재난 현장엔 늘 한국기독
교연합봉사단이 깃발을 앞세우고 자랑스럽게 모습을 드러낸다.

구제활동으로 복음을 전한다

　　"집사님, 아무래도 김해 수해 현장이……."
"목사님, 저도 그렇게 생각하고 있었습니다. 출동하시지요."
"고맙습니다. 그러면 준비 좀 해주세요."
"네, 봉사 대원들에게 연락하겠습니다."
　조 목사와 예수 봉사 단장인 서병석 집사의 전화 통화 내용이다.
　2002년 8월 19일 아침 신문을 펼쳐든 조 목사는 김해시 한림면의 처참한 수해 현장 사진을 보고 성령의 역사를 감지했다. 비록 멀리 떨어져 있지만 망연자실해 있을 수재민들의 모습을 떠올리니 이들을 돕는 일보다 더 급하고 중요한 일이 없다는 생각이 들어 전화를 건 것이다.
　사실 이날은 담임목사와 교역자들이 1년에 한 번 있는 수련회를 떠나는 날이었다. 그래서 교역자 9명은 수련회에 참석하고 3명은 수해 현장으로 긴급 출동했다. 서 집사와 자원봉사자 5명도 각종 장비와 구호 물품을 싣고 승합차로 뒤따라나섰다.
　김해 지역의 수해 참상은 봉사 대원들의 마음을 무겁게 짓눌렀다. 여름의 끝자락을 물고 터진 수해 현장은 생지옥이었다. 강 수면보다 낮은 지역은 물 속에 열흘 이상 잠겨서 물이 빠지지 않은 탓에 각종 오물이 썩는 냄새가 천지를 진동하는 듯했다.

그곳에 도착했을 때 현지 목사들의 반응은 우려 반 기대 반이었다고 한다. 서울의 이름 모를 교회에서 내려와 무엇을 하겠다고 하는데 하지 말라고 할 수도 없고 해서 뒤로 물러선 채 관망하는 자세를 취했다. 조 목사와 봉사 대원들은 이런 대우를 재난 현장에서 자주 경험한 터라 개의치 않고 할 일만 묵묵히 했다. 말을 많이 한들 무슨 소용이 있으랴. 오직 행동을 보여줄 뿐이라는 각오로 숙달된 사람들처럼 움직이기 시작했다.

다행히 현지 목사 중에 조 목사를 알아보는 한림교회의 김성수 목사가 있어서 큰 위로와 격려가 되었다. 먼저 조 목사는 현지 목사들을 중심으로 기독교협의회를 구성했다. 하나님의 일을 체계적으로 하기 위해서다. 그리고 재난 현장을 언론에 알려 다른 기독교인들의 동참을 호소했다.

밤이 늦어지자 조 목사 일행은 여관비를 아끼기 위해 찜질방에서 새우잠을 자고 다음날 아침 면사무소 앞에 봉사단 텐트를 치고 컵라면 끓이는 일부터 시작했다. 거기서 현지 목사들에게 일하는 방식을 전수해 주었다. 오후가 되어 조 목사와 봉사 대원들은 쳐놓은 텐트와 남은 물건들을 현지 교회 봉사단에 넘겨주고 떠나려고 하자 현지 목사들은 놀라움을 감추지 못했다. 이런 귀한 것들을 아낌없이 남겨주고 가는 모습이 왠지 낯설어 보인 까닭이다.

서울에 올라온 즉시 교회 홈페이지에 김해 수해 상황판을 설치하고 1만 3천 여 전국 교회에 팩스로 긴급호소문을 발송해 도움의 손길을 요청했다. 후원 계좌가 개설되자 전국 각지의 기독교인들로부터 사랑의 손길이 답지하기 시작했다. 광염교회가 뿌린 씨앗이 현지 목사들을 감동시키고 전국의 목사들을 움직이며 한국 교회가 초교파적으로 관심을 갖도록 만든 것이다.

가장 놀란 사람들은 현지 목사들이다. 이때부터 힘을 얻어 자신들의 일로 받아들이고 뛰기 시작했다. 김성수 목사는 매일 광염교회 홈페이지에 현지 상황과 함께 감사의 글을 올려주었다.

존경하는 조현삼 목사님과 한국기독교연합봉사단의 여러 형제님들의 평안을 빌며 먼저 감사의 말씀을 올립니다. 단 하루의 봉사였지만 지역민들과 군·경찰을 비롯한 봉사자들의 호응은 대단했습니다. 그들은 감사를 연발하면서 교회에서 이렇게 좋은 일을 하느냐는 인사를 하도 많이 해서 듣기가 쑥스러울 정도였습니다. 무엇보다도 감사드리고 싶은 것은 목사님의 지혜로 지역 교회의 목회자들이 한마음이 된 것입니다. 교회 이기주의를 극복하고 다같이 예수님의 우산 안에서 한마음으로 협력할 수 있는 계기를 만들어주신 데 대해 무한히 감사를 드립니다.

오늘 하루는 정말 바쁜 하루였습니다. 그동안 물 빠지기만을 기다리던 주민들은 물이 빠지자 앞다투어 집으로 들어갔고 수많은 봉사자들도 주민들의 집안청소와 오물 수거작업에 투입되었습니다. 어제 하루 우리 봉사 대원들은 컵라면 1500개, 커피 1500잔, 빵 500개, 물과 베지밀과 음료수 등 20박스로 봉사를 하였습니다.

오후 3시에 삼계초등학교에서 역사적인 만남을 가졌습니다. 인제대의 이윤구 총장님과 각 기관 단체의 대표들이 만났습니다. 이곳에서의 봉사활동을 보고했고 필요한 재원도 지원받기로 했습니다. 명

칭은 김해 긴급구호 기독교 대책위원회로 정했고요. 조 목사님의 후
방 지원이 엄청난 힘을 발휘하고 있습니다. 후방의 모든 지원에 감
사합니다.

조 목사와 봉사 대원들은 후속 작업을 위해 일주일 후에 다시 김해로
내려갔다. 조 목사는 현지에서 포크레인 두 대를 대여하여 복구 작업
을 돕기 시작했다. 현지의 목사들은 하루에 400만 원씩 소요되는 경비
가 전국 교회의 성금으로 채워지는 것을 경험하며 살아계신 하나님을
확인하는 계기가 되었다. 후원금이 3700만 원을 넘어섬으로써 지출 경
비 2200만 원을 충당하고도 남아 봉사자들의 근심을 덜어주고 기쁨을
배가시켜주었다. 현지 목사들과 성도들의 필사적인 헌신으로 수해 지
역 주민들은 기독교에 대한 인식을 바꾸는 계기가 되었다. 주민 대표
는 조 목사에게 감사의 표시로 다방에서 커피를 대접하며 소중한 고백
을 하였다.
　"우리 지역 주민들은 기독교 단체가 제일 먼저 달려와서 끝까지 남
아 어려운 사람, 고난받는 사람들에게 따뜻하게 손을 내밀고 헌신적인
사랑을 베푸는 모습을 보면서 깊은 감동을 받았습니다. 굳이 예수님을
믿으라고 소리치지 않더라도 예수님을 생각하는 계기가 되었습니다.
이번에 기독교인들에게 큰 빚을 졌습니다."
　복음화율이 2.5퍼센트에 불과한 김해 수해 현장에서 지역 대표가 한
말은 구슬땀을 흘리는 현지 목사들과 봉사 대원들에게 천군만마와 같
은 힘이 되었다. 광염교회가 뿌린 작은 씨앗이 이렇게 놀라운 기적을
창출하기 시작한 것이다. 광염교회가 복된 교회인 것은 행동하지 않은

채 말만 앞세우는 사람들, 이른바 나토(No Action Talking Only)족이 없기 때문이다. 현장에 투입된 교역자와 봉사 대원들은 구슬땀을 흘리고 나머지 교인들은 기도로 지원한다.

2002년 여름은 온 국민이 물의 심판이라는 공포에 떨어야 했다. 김해 수해 지역이 채 복구되기도 전에 우리나라는 또다시 태풍이라는 커다란 악재를 당하게 되었기 때문이다.

광염교회에서는 강릉, 속초, 김천을 강타한 태풍 루사의 횡포 속에서 오병이어(五餅二魚)의 기적을 체험했다. 루사는 전국에 200명이 넘는 사망자를 낳았고, 5조 원을 상회하는 재산 피해를 입힘으로써 우리나라 태풍 피해사상 최고치를 기록했다. 수마가 할퀴고 지나간 자리는 흔적도 없이 사라졌고 마치 전쟁터보다 처참한 몰골을 드러내고 있었다.

참담한 모습을 방송을 통해 확인하자마자 조 목사와 봉사 대원들은 9월 1일 주일 낮 예배를 마치고 오후 4시 13명이 한국기독교연합봉사단의 깃발을 들고 강릉으로 달려갔다. 이때 포크레인과 덤프차를 임대해서 동행토록 하였다. 이미 교통이 두절된 곳이 많아 가까스로 6시쯤 강릉에 도착하여 영동광염교회의 김창수 목사가 시무하는 교회 근처의 초등학교 운동장에 텐트를 치고 즉시 컵라면과 생수를 공급하기 시작했다. 갈릴리 교회를 비롯한 강릉과 속초 지역에서 여름 전도여행에 동참했던 6개 교회들이 이번 재난 봉사의 구심점 역할을 했다.

한 팀은 곧바로 시청을 방문하여 여러 가지 도움을 주었다. 강릉은 지금까지 수해를 크게 입은 경험이 없기 때문에 재난에 어떻게 대처할지 몰라 우왕좌왕하는 상황이었다. 휴가를 내고 봉사단에 합류한 공무원 박시완 집사 덕택에 시청 직원들과 협조가 원활하게 이루어졌다.

그때까지만 해도 강릉에서 활동하는 자원봉사대는 한국기독교연합봉사단이 유일하였다. 시청 직원들도 풍부한 경험과 노하우를 지닌 봉사대원들로부터 실질적으로 많은 도움을 받으며 신뢰하게 되었다.

시청에서는 다음날부터 답지하는 구호 용품들을 나누는 일을 봉사대원들에게 부탁했다. 라면, 빵, 생수, 고무장갑, 수세미 등 생필품은 풍족하게 도착하나 나누는 일이 큰 문제였기 때문이다. 12톤 트럭으로 생수를 가득 싣고 오면 그것을 하역하는 일이 보통이 아니었다.

시청에 실질적인 도움을 준 봉사단은 전국에서 답지하는 구호 물품을 정리하는 일을 맡으면서 하나님의 역사가 이루어지고 있음을 실감할 수 있었다. 각계로부터 밀물처럼 몰려드는 물질을 봉사 대원들이 나누어주기 시작했다. 또한 한국기독교연합봉사단의 캠프에는 전국의 교회로부터 성금과 구호 물품이 답지했다. 광염교회는 760만 원의 성금을 기탁했다. 이것을 계기로 홈페이지를 통해 모금된 성금이 1억 원을 넘어섰고 전국 교회에서 풍부하게 물품을 보내주었다.

이번 태풍 루사는 한국기독교연합봉사단의 활동을 전 언론에 알리는 계기가 되었다. 강릉의 재난 현장에 자원봉사대로 제일 먼저 자리를 잡고 시청에 많은 도움을 주었던 까닭에 취재진들이 몰려오면 자연스럽게 봉사단을 취재할 수밖에 없었다. 각 신문들과 공중파 방송들이 앞다투어 봉사단의 활동을 전하였다. 봉사단의 노란 조끼는 이미 기독교의 사랑의 상징이 되어 시청자들에게 낯익은 모습으로 각인되었다.

800만 원도 되지 않는 헌금과 13명의 봉사 단원으로 시작된 봉사 행진은 전국의 교회와 시청 직원들을 감동시켜 물질적으로 차고 넘치는 축복으로 연결되었다. 봉사단의 캠프가 설치되어 있는 강릉시 내곡동은 순식간에 복받은 땅이 되었다. 게다가 언론에서 우호적으로 보도한 기독교 이미지는 값으로 따질 수 없는 광고 효과를 거둔 셈이다.

휴가를 내거나 생업을 중단하고 봉사 대원으로 활약하고 돌아온 사람들은 이미 역전의 용사가 되어 있었다. 전쟁터보다 더 참혹한 상황, 각종 쓰레기가 썩어 마스크 없이는 도저히 견딜 수 없는 악취와의 전쟁을 치르면서 임대해 간 포크레인과 덤프 트럭으로 막힌 길을 뚫어가며 봉사활동을 계속했다. 자발적으로 봉사하는 사람들에게는 피로가 없다. 오히려 육체적인 수고를 통해 사랑의 소중함을 더욱 느끼기에 엔돌핀이 한없이 쏟아져나오기 때문이다.

오병이어의 기적은 성경 속에만 있는 예화가 아니다. 기적을 체험한 광염교회 사람들은 성경이 단순한 종교 이야기가 아니라 삶의 일부이며 자신이 그 주인공이 될 수 있다는 신앙관과 더불어 대단한 자부심을 가지게 되었다. 또한 교인들은 강릉의 기적을 보면서 하나님의 깊은 계획에 놀라움을 느끼고 있다. 강릉과의 관계가 저절로 이루어진 것이 아님을 깨달았기 때문이다. 고 최완규 강도사의 죽음을 통해 인연을 맺은 강릉은 여름 전도여행으로 이어졌고, 다시금 태풍 피해로 인한 봉사로 연결되었다. 이를 어찌 우연으로만 돌릴 수 있을까. 성서 속의 기적을 세상에서 체험하고 적용하기에 광염교회는 매일매일 살아 움직이는 교회로 발전하고 있다.

수재민들의 따뜻한 겨울나기 옷 보내기 운동

아파, 아하, 남파, 남하, 여파, 여상…….

비밀 암호 같은 말들이 흥겹게 오고가는 육군사관학교 총동문회관 강당. 이랜드와 한국기독교연합봉사단이 함께 한 수재민들의 따뜻한 겨울나기 옷 보내기 운동 현장에서 옷을 분류하면서 봉사자들이 편의상 사용한 분류 용어들이다. 아파는 아동 파카, 아하는 아동 하의, 남파는 남자 파카, 남하는 남자 하의, 여파는 여자 파카, 여상은 여자 상의의 준말이다.

이랜드 복지재단에서는 2002년 여름 온 국민을 공포의 도가니로 몰아넣었던 태풍 루사의 피해 지역을 조사하여 현재 컨테이너에서 살고 있는 수재민들이 2천여 세대에 이른다고 파악하였다. 그리고 곧 닥칠 겨울을 생각하며 이들에게 가장 필요한 게 무엇인가를 조사해보니 엄동설한을 이겨낼 옷가지였다. 이미 전재산을 빼앗긴 수재민들에게 2002년 겨울은 더욱 무서운 재난으로 남아 있을 것이기 때문이다.

이들을 위해 이랜드는 따뜻한 사랑의 옷 7만 5천 벌과 2천 개의 식기 세트를 준비했다. 또한 이랜드 직원들의 수재 헌금과 대한예수교장로회 총회 구제부에서 지원을 받아 전기 난로 2천 개를 구입해 각 가구에 하나씩 전달하기로 했다. 그러니까 옷가지를 담을 상자 2천 개와 전기

난로와 그릇을 담을 상자 2천 개를 만들어 한 가정에 두 개의 상자가 전달될 수 있도록 포장 작업을 해야 했다.

이 엄청난 프로젝트를 수행할 파트너로 광염교회가 주축이 된 한국기독교연합봉사단이 정해졌다. 원가만 12억 원어치에 달하는 이 프로젝트 가운데 옷의 가격은 각종 유통 단계를 거치면 몇십억 원에 달한다고 한다. 하나님께서는 2002년 수해를 입은 사람들을 어루만지기 위하여 구원 투수로 광염교회를 사용하기로 마음먹으신 것 같다. 그동안 꾸준히 쌓아온 신뢰가 빛을 발하기 시작한 것이다. 하나님은 추위에 떨고 있는 이들에게 사람들의 관심이 점차 사라지는 것을 그냥 보고만 계시지 않고 이랜드와 광염교회를 앞세워 사랑을 전달하라는 사명을 내리셨다.

이랜드는 기독교인이 운영하는 기업으로서 매년 순이익의 10퍼센트를 사회에 환원하여 봉사활동을 하고 있다. 광염교회가 사랑을 전달하는 곳에는 이랜드가 늘 함께 있었다. 이랜드는 2002년만 해도 청년들의 캄보디아 선교를 위한 전도용 의류 지원을 비롯해, 김해시 한림면의 수해 지역 주민과 강릉 지역의 수재민들을 위해 10억 원 이상의 의류를 전달한 바 있다. 이번에는 수재민 중에서 가장 피해가 심한 가구를 선택하여 사랑을 베푸는 것이다.

10월 13일 아침 8시부터 서울 태릉의 육군사관학교 총동문회관 강당을 빌려 분류 작업에 들어갔다. 12톤 트럭 10대 분량의 물량을 세분하는 작업을 해야 한다. 봉사자들은 이른 아침부터 현장으로 달려왔다. 옷 상자들을 차에서 내려 분류장까지 운반했다. 그리고 강당 입구에서 옷을 확인한 후 일일이 상자 위에다가 분류 등급을 매겼다. 한 가정에 전달할 옷은 아동용, 어른 남자용, 어른 여자용으로 구분하여 파카, 상의, 하의, 속옷 등 40여 종류에 달했다. 그래서 아파, 아하, 남파, 여상 등의 이상한 암호가 등장한 것이다.

강당에 빈 상자를 500개씩 깔아놓고 옷가지와 생활 필수품들을 상자 하나에 차곡차곡 담는 작업을 진행했다. 분류 작업이 끝나면 포장을 한 후 다시 트럭에 싣는 작업이 반복되었다. 남자들은 짐을 나르는 일에, 여자들은 옷을 분류하는 일에 투입되었다.

이날도 200명이 넘게 나와 아침 9시부터 밤늦게까지 수고를 했다. 나는 회사에서 오전 근무를 마치고 오후 3시 반쯤 현장에 도착했다. 이미 수고한 사람들이 새참으로 우유와 빵을 먹고 있었다. 노동으로 지친 모습이었지만 얼굴에는 따뜻한 사랑을 나누는 마음이 묻어나 평온해 보였다. 늦게 도착한 게 참으로 미안했다. 여기저기 돌아다니면서 일도 하고 관찰도 했다. 사랑의 위대함을 실감했다.

끝이 없을 것 같던 일도 상자를 깔고, 채우고, 포장하여 운반하기를 거듭하면서 막바지에 접어들었다. 박현덕 전도사가 핸드마이크를 들고 "이제 작업의 끝이 보이기 시작합니다. 저녁식사를 맛있게 드신 후 마지막 사랑을 쏟아주세요"라고 부탁했다. 저녁식사는 8시 반쯤 설렁탕으로 준비되었다.

식사를 마친 후 마지막 과업에 들어갔다. 이날의 압권은 단연 '2001 아울렛'에서 빌려온 운반 도구, 컨베이어였다. 정말 구세주 역할을 했다. 전영석 집사는 상자를 운반하는 데 이 기계가 없었다면 아마 밤샘작업을 했을 것이라며 감사한 마음을 쏟아냈다. 산더미처럼 쌓였던 상자들이 하나 둘 실려나가면서 바닥을 보이기 시작하자 그제야 일이 마무리 단계에 들어섰음을 실감했다.

일을 마치고 집으로 돌아오면서 사랑이 무엇인가를 생각해보았다. 사랑은 주는 것이기에 아름답고 따뜻하고 지칠 줄 모른다는 느낌이 들었다. 몸은 고달픈데 마음이 이렇게 행복하다니. 행복은 사랑의 수고를 통해 달려온다는 것도 깨달았다.

이번 행사를 치르면서 조 목사가 내걸었던 '이랜드와 서울광염교회는 사랑입니다' 라는 문구와 수재민들에게 전달할 사랑의 편지를 떠올리며 행복한 잠자리에 들었다.

주님의 이름으로 문안드립니다.

내가 아플 때 함께 울어줄 이웃이 있다면 세상을 살아갈 힘이 생기는 것이 우리네 삶인 것 같습니다.

가슴에 흐르는 눈물이 채 마르기도 전에 불어오는 찬바람을 걱정하며 내쉬는 한숨을 저희가 알리요마는, 가슴에 상처 하나 묻어두지 않은 인생이 없고, 같은 일 겪지 않았더라도 그 아픔을 알게 하신 이가 계시기에, 지난 여름 잠시 함께 했던 시간들만으로는 아쉬워 다시금 찾아왔습니다. 비록 적은 옷가지들이지만 함께 하고자 하는 이웃이 있다는 것을 잊지 마시고 따스함을 입으시기 바랍니다.

누워 생각해보면 인생이 두려움투성이가 될 때도 있었으나, 세상에 날 혼자 두지 않으시고 친히 함께 하시며 온기와 위로를 주시고 영원한 생명을 약속하신 예수 그리스도의 사랑이 있기에 가진 것이 많으나 적으나 오늘을 넉넉하게 살아갑니다.

사랑합니다, 예수님의 이름으로. 힘내십시오.

추신 | 아동복이 들어 있습니다. 혹 아동이 없는 경우나 어른 옷도 사이즈가 맞지 않으면 주위의 이웃들과 나눠 입으세요.

한국기독교연합봉사단장 조현삼 목사

이랜드사회봉사 단장 정영일

복의 채널인 노년부와 출장예배

"나의 기쁨 나의 소망되시며 나의 생명이 되신 주……."

할아버지, 할머니들이 부르는 찬송소리라고 하기엔 믿을 수 없을 정도로 힘있고 우렁차다. 은혜 받은 목소리라서 그럴까. 광염교회의 특징 중 하나가 노년부 예배를 따로 드린다는 점이다. 60세 이상의 노인으로 혼자 살거나 자녀가 없는 사람들이 주류를 이룬다.

노년부가 탄생하게 된 배경이 있다. 8년 전에 늘 술에 취한 모습으로 교회에 구걸하러 오는 할아버지가 있었다. 안타까운 나머지 할아버지에게 술을 끊고 정식으로 예배에 참석하면 용돈을 드리기로 약속했다. 할아버지가 마음을 잡고 예수를 믿으면서 점점 사람이 불어남에 따라 아예 독립하여 노년부 예배 시간을 따로 마련하였다.

교회에서는 노인을 공경하는 마음으로 섬기고 있다. 현재 노년부에는 120명 넘게 출석하고 있어 5층 예배당이 꽉 찰 정도이다. 담당 교역자는 노인들의 사역에 특별한 은사가 있는 권성대 목사가 맡고 있다. 권 목사는 노인들의 아버지, 친구, 아들의 1인 3역을 감당하고 있다. 권 목사가 캄보디아에 파견나가 있을 때 노인들은 그가 올 날을 어린아이처럼 손꼽아 기다렸다. 그만큼 그는 노인들의 버팀목 같은 존재다.

노년부가 이처럼 유지될 수 있는 것은 바로 광염교회의 테레사로 통하는 이행순 집사의 헌신적인 봉사가 있기 때문이다. 이 집사는 원래 노인들 곁에 가는 것조차 싫어했다. 하지만 4년 전에 깨달은 바가 있어 노인들의 손발이 될 것을 결심하고 정성으로 섬기고 있다.

노년부에 나오는 할아버지, 할머니들은 대부분 눈물 없이는 듣기 어려운 숨기고 싶은 사연들을 저마다 가슴에 품고 있다. 그래서일까. 그들은 마음의 여유가 없는 편이다. 정말 나이 들면 어린아이가 된다고 했는데 조금도 양보를 하지 못해 서로 싸우는 경우도 많았다. 지금은 예수님의 사랑으로 마음이 순화되어서 싸우는 모습은 거의 사라졌다.

노년부에서는 노인들이 예수님을 제대로 영접하도록 하기 위해 일곱 번 개근하고 여덟 번째 출석했을 때 비로소 정식으로 등록을 시킨다. 등록이 되면 그제야 사랑의 용돈을 받아갈 수 있다. 주일마다 이렇게 노인들을 마음과 물질로 공경하느라 교회에서는 매달 200만 원이 넘는 재정을 지출해야 한다. 그러나 조 목사와 교인들은 이런 지출을 아깝게 생각하지 않는다. 오히려 노년부야말로 광염교회의 복의 채널이라고 간주하며 친부모를 모시는 마음으로 사랑을 전달하고 있다.

할아버지와 할머니들이 노년부를 통해 교회의 사랑을 깨닫고 늘 감사하며 신앙생활을 하는 모습을 피부로 느낄 수 있다. 실제로 매주 주는 용돈을 모아 눈 수술을 받은 할아버지가 있다. 이 할아버지는 오래전에 백내장으로 한쪽 눈을 수술하고 다른 쪽 눈의 시력이 점점 약해져 수술을 받으려고 돈을 모았던 것이다. 의사에게 그렇게 모은 돈 5만 원을 내놓으며 "내가 1년 동안 모은 돈인데 이게 내가 가진 전부요" 하면서 막무가내로 수술을 요청했다. 다행히 의사 선생님이 믿음을 가진 분이어서 교회에서 검사비 15만 원을 부담하고 수술은 무료로 해주었다.

예배 후에 먹는 점심은 그야말로 꿀맛이다. 노인들이 먹는 양이 나보다 두세 배 많은 것을 보고 깜짝 놀랐다. 상당수 노인들이 점심 한 끼로 살아가기 때문이란다. 노인들은 따뜻하게 점심을 대접해주고 물질까지 배려해주는 교회와 봉사자들에게 진심으로 감사하는 마음을 가지고 있다. 73세의 조정숙 할머니는 집이 연신내인데 전철을 한 시간 이상 타고 교회까지 온다. 4년 전에 광염교회에 와서 지금까지 한 번도 결석하지 않아 줄곧 개근상을 탔다. 할머니는 이렇게 좋은 것을 왜 진작 몰랐을까 하는 아쉬움이 있을 정도라고 말한다.

그런가 하면 교인들을 곤혹스럽게 만드는 노인도 있다. 어떤 할아버지는 술을 마시고 교회에 나온다. 사랑의 용돈을 주면 전부 술값으로 허비한다. 이행순 집사는 이 노인 때문에 여간 고민이 되는 게 아니었다. 교회의 헌금 집행 3대 원칙, 즉 받는 사람에게는 기쁨이 되고, 헌금을 드린 성도들에게는 보람이 되며, 하나님께는 영광이 되어야 한다는 취지에 위배되기 때문이다. 궁리 끝에 현금 대신 식권을 구입하여 드리니 고민이 해결되었다.

교회가 노인들을 공경하는 모습은 교회 밖에서도 드러난다. 수락산 안에 있는 시립 양로원에서 몸이 불편하여 교회에 직접 올 수 없는 노인들을 위해 출장예배를 마련하였다. 그러니까 교회에서 양로원을 찾아가 함께 예배를 드리는 것이다. 이 예배는 평안부에서 주관하는데 매 주일 오후 2시 10여 명의 봉사 대원이 현장에 출동하여 예배를 인도한다. 양로원에 있는 노인들 또한 자녀들로부터 버림받았다는 피해 의식 때문에 마음의 문을 좀처럼 열지 않는다. 그러나 평안부 봉사자들의 헌신적인 노력으로 역시 변화의 바람이 불고 있다. 노인들의 믿음이 점점 성장하여 헌금하는 게 생활화되어 있고, 웬만한 찬송가는 외우고 있을 정도가 되었다. 특히 예배를 사모하는 마음이 강해 봉사자들이 오히려 은혜를 받는다고 말한다.

가을에는 할아버지와 할머니들을 모시고 온천여행을 떠난다. 자원봉사자들과 함께 말벗이 되어 따뜻한 온천 물 속에서 사랑을 느끼며 추억을 만든다. 그래서 노인들은 가을 온천여행을 무척 기다린다.

세상에서 버림받고 외로움과 피해의식 속에서 노년을 보내는 할아버지와 할머니를 정성으로 모시는 비단처럼 고운 마음 때문에 교인들이 행복을 누리며 살고 있는 것이다. 더욱이 우리나라의 미풍양속인 효도의 개념이 점점 약화되고 있는 각박한 세태에서 노인을 부모처럼 섬기는 자세는 참으로 자랑스런 모습이 아닐 수 없다.

생명을 건지는 병원 전도대

삶과 죽음이 공존하는 곳. 암환자들의 마지막 소망의 집인 원자력병원이 바로 그곳이다. 이곳에서 전도를 하려면 전도 대원들의 각오 또한 비장해야 한다. 병원 전도대는 3년 전 최주희 전도사의 지도 아래 본격적인 활동을 시작했다. 최 전도사는 교회에서 심방 책임을 맡은 후 사람들의 아픔을 헤아릴 수 있는 마음이 필요하다고 생각하여 병원 전도대를 결심하게 되었다. 자신은 비록 육신의 큰 어려움을 겪지는 않았지만 사람들의 아픔에 동참하려면 그 현장을 떠나서는 안 된다는 자세를 가지고 병원 전도대에 남다른 열정을 쏟고 있다.

병원 전도대는 65세를 전후한 여자 권사들이 주축을 이루고 있다. 이미 병상에서 죽을 고비를 넘겼던 경험이 있는 사람들이 대부분인데, 이들은 환자의 마음을 읽을 수 있기 때문에 누구보다도 자신 있게 전도에 임할 수 있다는 확신과 사명감을 가지고 있다.

주일날 4부 예배를 마치고 점심식사를 한 후 20명 정도가 5층 다락방에 모여 찬송과 기도로 영적인 무장을 한다. 나이를 믿을 수 없을 정도로 찬송 소리가 힘차고 자신감이 넘친다. 전도 대원들은 찬송가 389장 믿는 사람들은 군병 같으니를 특히 좋아한다. 예수님을 대장으로 모시고 전도 현장에 나가면 용기가 생겨나기 때문이다. 그만큼 그들의 마음 속에 영적인 전쟁터에 나간다는 절박함이 자리잡고 있음을 읽을 수 있다.

병원 전도대장을 맡고 있는 천성두 장로의 기도로 예배를 시작하여 30분간 찬양과 기도로 무장한 후 서울원자력병원과 을지병원을 향해 출발한다. 병원에 도착하면 2인 1조 맨투맨 방식으로 한 사람은 말씀을 전하고 다른 한 사람은 전도지를 나누어준다. 한 조가 한 층을 책임지고 각 병실을 방문하여 전도한다. 병원 전도대를 통해서 주일 하루에 40~50명이 예수님을 영접하고 1년이면 2500명 정도가 예수님을 믿는다고 하니 놀라운 결과가 아닐 수 없다.

원자력병원의 환자들 대부분은 암 선고를 받고 시한부 인생을 살고 있거나 사경을 헤매고 있는 까닭에 지푸라기라도 잡고 싶은 심정이리라. 그래서 예수님을 비교적 쉽게 영접한다. 하지만 어떤 때는 말다툼이 일어나고 심지어 복도까지 뛰어나와 큰 소리로 싸움을 걸어오는 경우도 생긴다. 전도 대원이 병실에 들어오면 돌아눕거나 눈감고 자는 척하는 환자들도 적지 않다. 하지만 전도 대원들은 때를 얻든지 못 얻든지 복음을 전하는 일에 몰두하고 있다.

원자력병원에 책임연구원으로 근무하는 김태환 집사는 병원 전도대의 실무를 맡아 승합차를 직접 운전하면서 궂은일을 도맡아하고 있다. 김 집사가 환자 한 사람 한 사람을 위해 기도하면서 담대하게 복음을 전하는 모습을 보면 놀라움과 충격을 감출 수 없었다.

"아버님, 우리 병원 오시기 전에 교회 다닌 적 있으세요?"

"아니오."

"그럼 제가 기도해드릴 게요."

"필요 없어요. 전 종교를 믿지 않거든요."

"아버님 괜찮아요. 제가 기도할 게요."

환자의 몸에 손을 얹고 예수님, 저희는 죽을 수밖에 없는 죄인입니다. 저희 마음 속에 찾아오셔서 건강을 되찾고 가족 품에 돌아가 예수 믿고 구원받게 해주세요라고 간절하게 기도한다. 그리고 전도지 위에다 예수님의 이름으로 기도 드립니다고 직접 써주면서 기도하는 방법까지 가르쳐준다. 환자들은 말 잘 듣는 학생처럼 눈을 감고 기도를 받아들이며 감사하다고 말한다.

전도대의 막내인 박현주 집사는 어머니인 이은주 권사를 모시고 병원 전도에 참여하고 있다. 처음에는 말 한마디 꺼내지 못했지만, 1년 동안 보조 역할을 하다가 최근에는 조장으로 승진하여 직접 말씀을 전하고 있다. 그녀는 어려움에 처한 환자들이 순한 양처럼 복음을 받아들일 때 한량 없는 기쁨을 맛본다고 말한다.

70세를 눈앞에 둔 김영자 권사는 남편이 미국에서 교수로 재직하다 소천한 후 일부러 한국에 들어와 혼자 살면서 병원 전도대와 호스피스 활동을 하고 있다. 미국 시민권자인데다 성공한 자녀들이 있어 안정된 생활을 할 수 있었지만 하나님의 사명을 깨닫고 전도에 힘쓰고 있다.

병원 전도대의 최고 연장자인 75세의 강정순 권사는 나이가 믿어지지 않을 정도로 건강하다. 강 권사는 중환자들이 신음하는 모습을 보면 불쌍하고 안타까워 저절로 전도가 된다고 말한다. 죽어가는 영혼들이 복음을 받아들일 때 하늘을 날 듯이 기쁘다. 내 기분이 이렇게 좋은데 하나님은 얼마나 기뻐하시겠느냐는 그녀의 말 속에서 전도의 기쁨이 묻어난다. 그녀는 전도할 때 최고의 기쁨과 보람을 느끼기 때문에 걸어다닐 수 있는 한 병원 전도를 계속하고 싶다고 의욕을 불태운다.

이 외에도 광염교회 사람들은 지하철 전도대, 운동하며 전도하는 등산 전도대, 교회 개척 때부터 활동해온 목요 전도대 등 많은 단체들을 통해 복음 전파라는 자신들의 역할을 충실히 수행하고 있다.

지하철에서 복음을 외치는 지하철 전도대의 경우, 지하철 전도에 대한 일반인들의 부정적인 이미지를 긍정적으로 바꾸는 데 큰 성공을 거두었다. 사회복지선교협의회에서 다큐멘터리를 연출하고 있는 김용은 씨는 광염교회 교인이 아닌데도 지하철 전도대의 활동에 감동한 나머지 비디오를 찍어 선물해주었다. 처음엔 단순히 자료 촬영차 전도대를 따라나섰지만, 현장에서 겪는 온갖 어려움에도 불구하고 꿋꿋하게 복음을 전파하는 대원들의 모습과, 깔끔한 정장 차림으로 정중한 인사와 웃음이 입가에서 떠나지 않는 천사 같은 얼굴에서, 정말 하나님을 안다는 것은 이런 거구나. 참 신앙인의 모습이 바로 이런 것이구나 하는 생각이 들었다고 한다.

외광사모인 이경자 성도는 홈페이지에 올라온 글을 읽고 이렇게 감사의 덧달기를 올려주었다.

저는 신자이면서도 지하철 전도자를 대할 때마다 저기 미친 사람 또 있구나 생각하면서 연민의 눈으로 바라보았답니다. 전도자에게는 그 일이 십자가이자 은혜라는 건 알겠는데, 다른 사람에게는 공해라는 생각까지도 했었거든요. 물론 역효과도 걱정했구요. 하지만 광염교회의 지하철 전도 이야기를 읽고 이제부터 다른 시각으로 그들을 바라보아야겠다고 생각했습니다. 지금부터는 열린 마음으로 제게도 그런 열정을 허락해주십사 하고 기도 드리겠습니다.

등산 전도 대원들의 경우도 처음에는 등산객들의 거부감이 굉장히 심했다고 한다. 왜 산에까지 와서 쓰레기 공해를 유발하느냐고 항의하는가 하면 기독교에 대해 부정적인 생각을 가진 사람들이 따지는 경우도 많았다. 하지만 세월이 흐르면서 등산객들이 전도 대원들을 바라보는 눈빛도 크게 변했다. 등산 전도 대원들은 하산할 때 1진과 2진이 코스를 바꾸어 등산객들이 버리고 간 전도지를 수거하는 작업을 하는데, 처음에는 버리는 사람들이 많았으나 요즈음은 그 양이 대폭 줄어들어 전도 효과가 점점 커지고 있음을 피부로 느끼고 있다. 실제로 전도지를 읽고 교회를 찾아오는 사람의 수도 늘고 있다.

이렇듯 광염교회 사람들은 여러 어려운 외부 상황을 극복하면서 효율적으로 복음을 전파하기 위해, 복음의 참뜻을 알리기 위해 끊임없이 노력하고 있다. 전도 티셔츠, 전도 모자, 전도 가방, 전도 부채, 전도 파카, 전도 우산, 전도 시계, 신문광고 등 전도를 위한 여러 가지 아이디어 용품들도 그 노력의 일환이다. 참된 복음 전파에 대한 그들의 열정은 오늘도 계속되고 있으며, 앞으로도 멈추지 않을 것이다.

아프리카로 달려가는 사랑의 손길

검은 대륙 아프리카. 타잔 영화에서 보았던 평화롭고 낭만적인 밀림의 모습은 이제 전쟁과 기근으로 얼룩진 척박한 모습으로 우리의 가슴을 아프게 한다. 영양실조에 걸려 뼈만 앙상하게 남은 아이들이 구조를 기다리고 있는 것이 아프리카 대륙의 현실인 것이다.

광염교회는 2002년 크리스마스를 앞둔 12월, 추수감사절 헌금을 들고 멀게만 느껴졌던 아프리카 수단 땅에 예수의 사랑을 전하러 구제 부장인 장충삼 집사를 단장으로 하는 6명의 대표단을 파견했다.

광염교회 한 집사의 오빠가 아프리카 수단 대사로 나가 있는 오기철 씨다. 오 대사가 한국에 잠시 들렀을 때 조 목사와 장충삼 구제 부장을 비롯한 구제 부원들이 그곳의 선교 현황을 듣기 위해 자리를 함께 했다. 수단 지역의 참상을 전해 들은 참석자들은 기독교인으로서 진한 긍휼의 마음을 느끼게 되었다. 20년 가까운 종교전쟁을 통해 생겨난 난민들은 인간적인 삶을 포기한 채 하루하루 살아가고 있다고 한다. 하루 종일 일을 해도 단돈 1달러를 벌기가 어렵고, 각종 전염병이 퍼지는데도 약이 없어 어린 생명들이 길거리에서 죽어가고 있으며, 굶주림과 목마름으로 사망의 늪에 빠져들고 있다.

이때부터 광염교회 사람들은 아프리카를 가슴에 품고 추수감사절

헌금을 모아 예수의 사랑을 전하기로 결정하고 기도했다. 마침 수단의 오기철 대사도 임지로 돌아간 후 홈페이지에 글을 올려 어려운 상황을 더욱 실감나게 알려주었다. 오 대사는 '천 원으로 죽어가는 생명을 구할 수 있다면' 이라는 제목으로 글을 올렸다.

지난해 수단에서 말라리아 환자 800만 명이 발생하여 약 50만 명이 사망하였으나 세상에 별로 알려지지 않았습니다. 영양실조로 고통받는 노약자와 유아 및 임산부가 사망자의 주류를 이루었습니다. 1달러면 치료제를 투약하여 생명을 구할 수 있는데 돈과 약이 없어 죽어가는 비참한 현실이 반복되고 있습니다. 저는 수단에 부임한 후 한국 정부에 건의하여 긴급 구제 차원에서 작년부터 현재까지 70만 명분에 해당하는 말라리아 치료제를 지원받았습니다. 그리고 각 지방을 직접 방문하여 약을 전달하고 연설도 하고 매스컴에 홍보하여 여러 사람과 여러 조직이 동참할 수 있도록 최선을 다하고 있습니다.

오 대사는 또 물이 필요하다는 글을 올려 아프리카에 대한 사랑의 필요성을 환기시켰다.

이곳에서는 물이 가장 필요합니다. 나일강이 인접해 있으나 강에서 1킬로미터만 벗어나도 사막이기 때문에 흐르는 물을 찾기가 어렵습니다. 물값이 비싸 난민 중에서 여유있는 사람만이 물을 쓸 수 있는 형편입니다. 물을 지속적으로 공급받기 위해서는 펌프 시설이 필요합니다. 지하수가 풍부하므로 파기만 하면 물이 나오기 때문입니다. 광염교회에서 이곳 난민들을 도우려면 한국에서 발동기를 사서 보내주든가, 여기서 구입하여 설치하든가 어떤 방법으로도 할 수 있습니다. 여름에는 기온이 50도 가까이 오르는 무더위가 기승을 부리고, 흙먼지가 사철 뿌옇게 에워싸고 있는 관계로 물이야말로 생명을 구하고 병을 예방할 수 있는 중요한 필수품입니다. 우선 해결해야 할 것이 물 문제라고 생각합니다.

광염의 구제부가 아프리카로 떠난다는 소식을 듣고 이랜드에서는 2억 5천만 원어치의 옷을 지원하기로 결정했고 이미 컨테이너에 실어 보냈다. 배로 부치기 때문에 한 달 이상이 걸린다. 동시에 이랜드 사회 봉사단의 정영일 단장은 앞으로 이랜드가 아프리카에 사랑을 지속적으로 실천하는 방안을 모색할 계획이라고 밝혔다.

여기에 중앙아시아 선교의 새로운 문을 연 주누가 선교사가 합류함에 따라 단숨에 아프리카 단기 선교팀이 꾸려졌다. 아프리카 현지 대사는 광염교회의 헌금과 이랜드에서 보낸 옷들을 잘 사용하기 위해 현지에서 교민들과 선교사가 중심이 되어 대책을 세우고 있다.

광염교회 사람들은 해외 구제와 선교가 활성화되는 데 큰 기쁨을 느끼고 있다. 이미 청년들이 타이완과 캄보디아 선교를 다녀왔고 2003년에는 몽골과 인도를 선교할 계획이다. 한국기독교연합봉사단 간사로서 프로젝트 진행을 총괄하고 있는 이석진 전도사는 이번에 아프리카까지 추가됨으로써 동남아시아, 중앙아시아, 아프리카를 연결하는 꿈의 선교 벨트가 자연스럽게 형성되었다면서 현지에 직접 가서 보고 오면 아프리카 형제들에게 사랑을 어떻게 나누어줄 수 있을지 구체적으로 알 수 있을 것 같다고 말했다.

조 목사는 "이번에 우리를 대표해 아프리카로 가는 분들은 복된 분들입니다. 난 성도들이 현장을 좀더 많이 보고 많이 감동하길 바랍니다. 이번에 우리는 옷 한 컨테이너와 함께 11월 셋째 주에 드린 추수감사헌금 대부분을 아프리카 수단으로 갖고 갈 예정입니다. 이랜드가 지원한 옷 한 컨테이너 분 외에 1천만 원 정도가 수단 구제비로 집행되길 소망합니다. 펌프를 사든지, 양식을 사든지 1천만 원 정도가 예수와 함께 아프리카 난민들에게 직접 전달될 수 있도록 계획하고 있습니다. 이 일은 한국에 있는 한 교회가 하는 일이기도 하지만, 우리 마음에 한국 교회가 수단에 있는 형제들에게 보내는 것이 되길 소망해서 한국기독교연합봉사단 이름으로 이 일을 할 것입니다"라고 의미를 부여했다.

광염교회 사람들은 자신들의 작은 사랑이 책과 텔레비전을 통해서만 보았던 미지의 땅 아프리카로 달려간다는 사실에 감격하면서 세계를 품는 구제와 선교의 꿈을 구체화시키며 기도에 더욱 열심을 내고 있다.

안에서나 밖에서나 영원한 광염인

전도에 힘쓰고 어려운 이웃을 돕는 데 헌신적인 교회다 보니 밖에서도 광염교회를 사랑하는 사람들이 생기기 시작했다. 외광사모, 다시 말해 외부에서 광염교회를 사랑하는 사람들의 모임은 실체가 있는 것은 아니다. 광염교회 홈페이지를 통해 은혜를 받은 어떤 사람이 교회 홈페이지에 자신을 외광사모라고 소개하면서 생겨난 말이다. 그후에 홈페이지를 방문하는 외광사모들이 늘어났다. 이들은 주로 전도지를 보거나 주위 사람들의 추천을 받아 광염교회 홈페이지를 방문한 단골손님들이다. 외광사모는 조용히 홈페이지에 들어와 교회의 아름다운 이야기에 은혜받고 가는 경우가 대부분이지만, 적극적으로 글을 남기면서 활동을 하기도 한다.

외광사모의 존재는 광염교회 사람들에게 큰 위로와 격려가 되고 있다. 사실 남의 교회 홈페이지에 들어와 관심을 갖고 기록을 남긴다는 것은 쉬운 일이 아니기 때문이다. 또 같은 내용일지라도 외광사모의 글은 신선함이 더하다.

전주에 사는 수필가 김학 선생은 대표적인 외광사모다. 월간 〈수필문학〉 2002년 6월호에 「감자탕 교회 이야기」라는 수필을 쓸 정도니 더 말해 무엇 하랴. 그는 요즈음 가는 곳마다 광염교회의 전도사가 되어

목이 쉴 정도로 홍보를 해주고 있다. 그의 글이 잡지에 실린 후 홈페이지를 찾는 문인들의 발길이 끊이지 않고 있다.

수락산 입구에서 식당을 경영하는 김재권 시인에게 어느 날 로마에 살고 있는 동창생으로부터 너의 집 가까이에 감자탕 교회가 있는데 한번 찾아보라는 이메일이 날아들었다. 그래서 감자탕 교회를 찾게 되었다. 그는 "불과 5분도 안 되는 가까운 거리에 있으면서도 빛과 소금을 알지 못하였으니 참으로 무지몽매하였다. '감자탕 교회, 광염교회여! 부디 큰 빛으로 넓은 소금의 바다를 이루소서'라는 글을 자유게시판에 남겨주었다.

뇌종양 수술비가 없어 고민하던 중 광염교회에 어려움을 호소하여 100만 원을 지원받은 후 감사의 글을 올린 것을 계기로 외광사모가 된 사람도 있다. 그는 여전히 교회의 비전과 사랑에 흠뻑 젖어 있는데, 지금 예수님이 재림하신다면 주님의 사랑을 온몸으로 실천하는 광염교회에 오시지 않을까요라며 칭찬을 아끼지 않았다.

동네 주민들도 빼놓을 수 없는 외광사모다. 이러한 교회의 이웃사랑은 월드컵 대회 때도 계속되어, 〈국민일보〉에 보도되었다. 한국이 이탈리아를 이긴 다음날 월드컵 열풍, 교회 풍속도를 바꾼다는 제하의 기사에서 서울 상계동 서울광염교회는 교회 벽면에 프로젝트를 쏴 지역 주민 500여 명과 함께 야외에서 월드컵 경기를 관람했다. 서울광염교회는 전반전이 끝난 뒤 크리스천 축구 선수들의 간증이 담긴 광고를 상영해 지역 주민들의 관심을 끌었다고 소개했다.

기사 오른쪽에 광염교회 교인들과 주민들이 함께 어우러져 열광적으로 응원하는 모습을 담은 사진도 나란히 실렸다. 사진 속 주인공들인 동네 주민들은 영화관 같은 대형 스크린으로 축구를 보고 음료수와 떡을 먹으며 관람을 마친 후 교역자와 교인들에게 수없이 고맙다고 인사했다. 동네 사람들이야말로 마음으로 교회를 지원하는 든든한 외광사모가 아닐 수 없다.

광염교회의 타이완 단기 선교에 함께 수고했던 오세원 선교사도 외광사모 중 한 사람이다. 그는 자신이 받은 감동을 이렇게 전했다.

광염교회는 감동을 주는 교회다. 사실 조 목사와 성도들을 처음으로 만난 때가 내 인생에서 가장 어려운 시기였다. 본의 아니게 바꿔야 하는 선교지와 선교활동의 방향, 누적된 타국 생활에서 오는 만성 스트레스, 몇몇 한국 교회에 대한 서운함 등은 나를 몹시 힘들게 했다. 몸을 가눌 수 없을 정도로 힘들어하던 나를 일으켜준 것은 다름 아닌 조 목사와 청년들이었다. 교회를 통해 여러 번이나 깊은 감동을 받고 남몰래 눈물을 훔쳐야 했다. 그후 누구 못지않은 외광사모로서 홈페이지를 자주 들락거리며 전세계에서 벌어지는 자랑스러운 교회의 선교활동을 통해 끊임없는 감동을 받고 있다.

이처럼 외광사모가 활발히 움직일 수 있는 이유는 매일매일 파노라마처럼 변화되는 수준 높은 교회의 홈페이지 덕분이다.

외광사모의 수는 날이 갈수록 늘어나는 추세이다. 교회의 흐뭇한 소식들이 인터넷을 통해 전국으로, 세계로 전파되고 있다는 방증이기도 하다. 이는 또한 광염교회가 예배당이 작은 큰 교회인 이유이기도 하다. 믿지 않는 사람들 가운데도 교회 홈페이지를 즐겨 찾는 외광사모가 있어 광염교회는 더욱 빛난다.

한편, 외광사모처럼 밖에서 광염교회를 사랑하는, 아니 그리워하는 사람들이 또 있다. 그들은 바로 부득이하게 교회를 떠난 사람들이다.

좋은 직장인지 아닌지는 그 직장을 떠난 사람의 평가를 들어보면 정확하다. 조직에 속해 있다 보면 자신의 의견을 온전히 표현하는 데 제약이 따를 수 있다. 그러나 소속감이 없어지면 제3자 입장에서 자유롭게 의견을 개진할 수 있다.

교회 역시 마찬가지다. 떠난 사람이 다시는 돌아보고 싶지 않은 곳이 된다면 훌륭한 교회라고 말할 수 없다. 하지만 광염교회는 떠난 사람들이 보고 싶어하고 그리워하고 다시 돌아오고 싶어하는 교회다. 심지어 멀리 이사를 갔던 사람이 다시 이사를 오는 경우도 있다. 또 이사를 가고 싶지만 교회 때문에 떠나지 못하는 사람도 적지 않다. 그들은 이른바 영원한 광염인들이다.

광염의 이름을 넘어 한국 교회와 세계 교회로

얼마 전 아침 일찍 조 목사에게 남양주에 있는 한 교회의 목사로부터 남양주광염교회와 서울광염교회가 어떤 관계인지를 묻는 전화가 걸려왔다. '서울광염교회가 남양주광염교회를 설립합니다' 란 현수막을 본 현지 목회자는 그 교회가 서울광염교회의 프랜차이즈 교회인지, 아니면 독립된 교회인지를 알고 싶다고 했다. 남양주광염교회는 서울광염교회 설립 10주년 기념 교회의 담임목사인 김세열 목사가 남양주에 개척한 교회이다. 이름을 그렇게 정하고 현수막까지 내건 후 그 지역에서 나온 공식적인 첫 번째 반응이었다. 순간 조 목사는 충격에 휩싸였다. 우리 교회에서는 축제 분위기 속에서 교회를 개척하는데 그 기쁨을 불편해하는 목소리가 있음을 알았기 때문이다.

모(母) 교회가 자(子) 교회인 개척교회에게 도움을 주는 과정이 그 지역에서 목회하는 사람들에게는 다른 의미로 다가갈 수 있음을 인지하게 되었다. 하루 종일 마음 한 구석이 무겁고 불편했던 조 목사는 하나님께 기도했다. 무엇인가 변화가 필요한 상황임을 절감했던 것이다.

조 목사는 광염을 소리 높여 외칠수록 다른 사람들에게는 소외감과 경계심을 불러올 수 있음을 알았다. 광염이란 이름이 하나님의 영광을 드러내는 이름이기에 자랑스럽게 부르고 사용해왔는데, 어느덧 그것이 하나님의 영광을 가릴 수도 있음을 깨달은 것이다. 100개 이상의 광염 철학을 가진 한국 교회를 세우는 일에 헌신하고 싶은 조 목사에게 중대한 도전이 생긴 셈이다. 지금까지 강동광염교회, 영동광염교회, 남양주광염교회, 광염대학교, 광염관 등 광염을 강조한 것이 혹시 광염 파벌을 구축하려는 것으로 오해될 수 있음을 깨달았다. 앞으로 더 많은 교회를 설립하면서 유사한 오해가 생겨 주변에 있는 목회자들을 불편하게 할 수도 있었다.

조 목사는 교역자들과 둘러앉아 자신의 심정을 토로하며 도움을 구했다. 참석했던 교역자들이 진지하게 함께 고민했다. 하나님은 이윤정 전도사를 통해 귀한 진리의 말씀을 전해주셨다. 광염이란 이름에 집착하지 말았으면 하네요. 중요한 것은 교회 이름에 광염을 넣는 것이 아니라 광염의 비전과 마인드를 공유하는 것이라고 생각해요. 한국 교회와 함께 가기 위해서는 우리가 또 하나의 광염세를 형성한다고 오해 받는 일은 피하는 것이 좋을 것 같습니다.

조 목사는 이 전도사와 동역자들의 제언을 겸허하게 수용하고 교회 개척 지원에 관한 원칙을 본래의 의미대로 회복시켰다. 원래 교회 10대 비전 중의 하나가 국내외에 100개 이상의 광염교회를 설립하는 교회였다. 광염이란 글자를 강조한 것은 교회 이름이 광염이 아니라 광염의 정신을 가진 교회라는 의미에서였다. 그런데 그것이 어느새 교회를 개척할 때는 교회 이름에 광염이 들어가야 하는 것으로 되어버린 것이다. 그래서 이것을 초심으로 돌려놓았다.

1. 앞으로 우리 교회가 교회 개척을 하게 될 때 교회 이름은 개척하

는 교회 담임목사가 자유롭게 정하게 한다.

2. 10주년 기념 교회도 교회 이름을 다르게 하길 원하면 수용한다.

3. 한국 교회와 함께 하기 위해 광염이란 이름이 들어간 특정한 몇 교회와 각별한 관계임을 부각하는 것은 피한다.

아울러 해외 선교 차원에서 지원되는 어떤 것에도 광염이란 단어를 고집하지 않고 자율에 맡기기로 했다.

그리고 다른 교회 사람들에게 오해를 줄 수 있는 여지를 없애기 위해 광염인이란 표현을 주보와 홈페이지에서 최소화하는 작업을 했다. 광염인 언어 십계명, 광염인 칼럼을 언어십계명, 성도 칼럼 등으로 바꾸었다.

요즈음 광염교회의 수요 예배에서는 구약성경 느헤미아 강해가 계속되고 있는데 참석자들이 은혜의 강에 흠뻑 잠기곤 한다. 느헤미아가 성전을 재건축하는 과정에서 사람을 세우는 일로 감동을 주는 내용을 담고 있기 때문이다. 느헤미아는 이스라엘 민족 한 사람 한 사람에게 귀기울이며 백성의 탄식 소리를 외면하지 않아 성벽을 재건할 수 있었다. 조 목사는 우리가 이 시대의 느헤미아로 거듭나기 위해서, 한국 교회를 바로 세우기 위해서는 자기만 생각하는 인상을 주어서는 안 된다며 우리의 의도와 달리 광염세를 형성하는 것으로 오해받는다면 이제 우리는 광염의 이름을 넘어야 할 때라고 강조했다.

여러 교인들도 그런 결정에 동감했다. 광염이 강조될 때마다 가슴 한 구석에 무언가 불편한 게 있었다면서 이번 기회를 통해 광염교회가 또 한 번 도약하는 계기가 된 것 같다며 이구동성으로 입을 모았다.

주누가 선교사는 "광염이란 이름을 사용하는 것은 어쩌면 교인들의 지극히 당연한 권리요, 목회자의 관점에서 보면 성도들의 참여를 활성화하기 위한 전략적 차원에서도 필요한 일입니다. 그럼에도 불구하고 하나님의 나라를 생각해서 내린 교역자들의 결단은, 행함이 없는 믿음은 죽은 믿음이라고 선포한 야고보처럼 귀한 개혁자의 선언이 아닐 수 없습니다"라고 의미를 부여했다. 그리고 "광염교회를 통해 먹물로 돌비에 쓰는 것이 아닌 하나님의 영으로 심비(心碑)에 새겨나가는 놀라운 역사가 계속해서 아름다운 열매로 맺힐 것을 확신합니다"라며 하나님의 축복과 상급이 기다릴 것이라고 덧붙였다.

광염교회의 지난 10년은 광염이라는 이름으로 빛과 소금이 되어 그리스도를 세상에 알리는 일에 집중했다. 이제 광염교회는 적지 않은 주목의 대상이 되었다. 조 목사와 교인들은 다가올 또 다른 10년은 광염의 이름을 넘어 한국 교회, 더 나아가 세계 교회와 함께 이 땅을 그리스도의 사랑으로 덮는 역사를 이룩할 수 있도록 지혜와 용기를 달라고 기도하고 있다.

『감자탕 교회 이야기』를 읽고서

서울광염교회 담임목사가 된 것은 내가 받은 큰 복입니다. 한 번은 자면서 담임목사직을 사임하는 꿈을 꿨습니다. 꿈속에서도 얼마나 아쉬워했는지 모릅니다. 아침에 깨어나서 내가 여전히 서울광염교회 담임목사인 것이 너무나 행복했습니다. 하나님이 서울광염교회를 세우시고 10년 동안 때마다 일마다 늘 함께 하셨습니다. 주님 때문에 난 10년을 하루같이 행복하게 목회했습니다.

교회가 설립되고 10년 되던 어느 날 하나님께서 귀한 사람 양병무 집사님을 보내주셨습니다. 등록한 지 얼마 되지 않아서 우리 교회 이야기를 책으로 출판하자고 제안했습니다. 그분이 이미 서른 권 가까운 책을 냈다는 얘길 듣긴 했지만 이메일로 보낸 목차를 보고는 벌린 입을 다물지 못했습니다. 탁월한 전문가였습니다. 등록 심방을 하던 날, 교회 이야기를 집필하기로 했습니다. 교회 홈페이지 안에 감자탕 교회 이야기 방을 만들었습니다. 그 방에 글이 올려질 때마다 성도들의 탄성은 이어졌습니다. 완벽한 분석과 정리의 대가였습니다. 경제학자이면서 수필가로 등단을 한 그의 경력은 『감자탕 교회 이야기』를 써가면서 유감없이 발휘되었습니다. 글 하나가 올라올 때마다 성도들의 격려는 줄을 이었습니다. 이렇게 해서 감자탕 교회 이야기는 한 권의 책으로 만들어졌습니다.

이 책 안에는 나에 대한 과분한 칭찬이 들어 있습니다. 이 부분을 이해하기 위해서는 우리 교회 안에 있는 칭찬 문화를 조금 소개하는 게 좋겠습니다. 내 인생을 바꾼 말씀 중 하나가 잠언에 있는 "도가니로 은을, 풀무로 금을, 칭찬으로 사람을"입니다. 도가니와 풀무는 광석에서 불순물을 제거하고 정금을 만들어내는 역할을 합니다. 난 이 말씀에서 사람 속에 있는 불순물을 제거하는 게 칭찬이라는 놀라운 사실을 깨달았습니다. 사람 속에 있는 불순물을 제거하는 것이 지적이나 비난 혹은 비판이 아니라 칭찬이라는 사실을 깨달았습니다.

이 진리를 안 다음부터 난 칭찬하기를 즐겼습니다. 사람을 만나면 칭찬할 것부터 찾았습니다. 단점은 덮고 장점은 칭찬했습니다. 그런데 놀랍게도 칭찬을 받은 사람들이 금 같은 사람으로 바뀌는 것이 아닙니까. 칭찬은 칭찬을 낳았습니다. 성도들을 향해 칭찬을 했는데 그것이 칭찬이 되어 내게 돌아왔습니다. 만에 하나라도 내게 금 같은 요인이 있다면 그건 순전히 성도들의 칭찬을 통해 내 안에 불순물이 제거된 결과입니다. 우리 교회 안에서는 농담 중에도 칭찬을 합니다. 우리 교회 안에 있는 칭찬 문화를 이해하고 봐주셨으면 합니다.

사실 나는 실수도 많고 부족함도 많습니다. 체력적으로 연약하기도 합니다. 새벽기도를 석 달에 한 번꼴로 펑크 냈습니다. 한때는 새벽기도를 두 번씩 인도하기도 했지만 지금은 새벽기도 인도를 동역자들이 해주고 있습니다. 목회 10년 동안 실수도 많이 했습니다. 아픔을 겪기도 했습니다. 시행착오를 하기도 했고요. 사랑이 동기가 되어 목회하지 못한 때도 있었고, 성과에 집중했던 때도 있었습니다. 사람을 의지하기도 했습니다. 급한 마음에 직분 카드를 통해 사람들을 변화시키려는 우를 범하기도 했습니다. 비판하려고 들면 지적당할 것이 셀 수 없이 많을 텐데 그 모든 허물들을 덮어주고 감싸주고 오히려 그 중에서 발견되는 작은 장점들을 들어 크게 격려해주니 그저 감사할 따름입니다.

이제 담임목사가 된 지 10년, 목회를 조금 알 것 같습니다. 제자 훈련의 핵은 사랑이 동기가 되어 실천하는 사람을 만드는 것이란 사실을 이제는 압니다. 사랑이 동기가 되는 목회를 마음에 담고 있습니다. 주님이 내게 "네가 나를 사랑하는 것이 네 목회의 동기냐?"고 물으실 때 이제는 그렇다고 말씀드릴 수 있습니다. 누가 내게 목회를 정의하라면 난 주저없이 목회는 사랑이라고 말해주고 싶습니다. 사랑이 동기가 되어 실천하는 사람을 세우는 일이 목회라고.

난 한국 교회를 사랑합니다. 우리 교회가 한국 교회의 일원인 것이 자랑스럽습니다. 사랑의 깊이와 넓이가 조금은 자라난 모양입니다.

예수를 보고 달려온 10년은 아름답고 가슴 뭉클한 기적이 일어난 시간들이었습니다. 앞으로 달려갈 10년 또한 각본 없는 드라마처럼 펼쳐질 것입니다. 이제껏 모든 일을 이루셨던 하나님이 앞으로도 그렇게 인도하실 것입니다. 하나님이 약한 자를 들어 영광을 나타나게 하심도 체험했습니다. 지금 누리고 있는 이 행복이 지속되기를 두 손 모아 기도합니다. 나는 며칠 전 설교 중에 이런 다짐을 했습니다.

"하나님은 솔로몬이 형통하던 날 그 밤에 찾아와 교만하지 말라고 경고하셨습니다. 나 외에 다른 것을 믿지 말고 계속 나를 신뢰하라고 하셨습니다. 안타깝게도 솔로몬은 이 하나님의 소리에 침묵했습니다. 생의 절정에 오르면 귀가 막히는 경향이 있습니다. 마땅히 들어야 할

소리가 들리지 않습니다. 솔로몬이 하나님의 경고를 예방주사로 알고 겸손했더라면 더욱 위대한 왕이 되었을 터인데 안타깝게도 그렇지를 못했습니다. 우리도 기억해야 합니다. 교만해선 안 됩니다. 겸손의 자리가 계속 우리의 자리가 되어야 합니다."

끝으로 날마다 성령이 충만한 중에 이 책을 쓴 양병무 집사님에게 감사를 전합니다. 이 책은 양병무 집사님이 행복하다는 말을 입에 달고 다니며 썼습니다. 이 책을 읽는 이들 모두에게도 양 집사님 안에 있는 예수님이 주신 행복이 전해졌으면 합니다.

서울광염교회 담임목사 조현삼

멀리 있는 잔디가 푸르게 보이듯이 사람이란 가까이 가면 실망하기 쉽다. 불가근불가원(不可近不可遠)이라는 말도 그래서 생겨났을 게다. 신앙의 선배들도 교회에 가까이 가지도 멀리 가지도 말고 적당한 선을 유지하라고 가르쳐주었다. 교회에 다니면서 나는 비교적 그 조언을 충실하게 따랐다. 그러나 이 책을 쓰는 바람에 23년 동안의 신앙생활 중 처음으로 교회를 깊숙이 관찰하고 분석할 수 있게 되었다.

글을 쓰기 시작할 때 혹시 중간에 실망하면 어쩌나 하는 불안이 있었던 것도 사실이다. 하지만 조현삼 담임목사와 교인들을 만나면 만날수록 숨겨진 보화들이 향기롭게 새어나왔다. 10년 동안에 이렇게 아름다운 이야기들이 도처에 깔려 있다는 사실에 놀라움을 금할 수 없었다.

광염교회와 함께 한 2002년 한 해는 참으로 행복했다. 평생 동안 행복하다고 말한 횟수보다 지난 1년 동안이 훨씬 많았다는 느낌이 든다. 사실 2002년은 나에게 가장 바쁘고 복잡한 한 해였다. 미국 유학에서 돌아온 후 12년 동안 정들었던 직장을 떠나 새 일터인 인간개발연구원에 둥지를 틀었기 때문이다. 전 직장을 떠나기 전의 인간적인 고뇌와 새 직장에서의 적응을 위해 노력하느라 눈코 뜰 새 없이 바빴다. 그럼에도 불구하고 『감자탕 교회 이야기』를 쓰면서 피곤한 줄을 몰랐다.

일주일에 두 편씩 홈페이지에 글을 올린다는 게 결코 쉽지 않았다. 그러나 하나님께서 지혜를 채워주어 기쁨과 설렘으로 글을 쓸 수 있도록 인도해주셨다.

또한 조 목사와 교인들이 부족한 글을 읽고 만날 때마다 과분한 칭찬과 격려를 아끼지 않았다. 교인들에게 감사하다는 말을 들을 때 처음에는 어색하고 쑥스러웠으나 자꾸 들으니 더욱 열심히 해야겠다는 각오가 생겼다.

광염교회를 통해 리더십이 얼마나 중요한가를 두 눈으로 확인했다. 목사 한 사람이 하나님 앞에서 올바로 서기 위해 혼신의 노력을 기울이니 모든 성도가 기쁘고 행복한 신앙생활을 하고 있는 것이다. 조 목사가 교인들의 사랑과 존경을 한몸에 받는 이유는 한마디로 목자다운 데 있다. 작은 예수가 되기 위해 몸소 실천하는 삶 속에서 배어나는 사랑과 겸손에 모든 성도가 감동하기 때문에 마음에서 우러나오는 존경을 받고 있는 것이다.

잊을 수 없는 에피소드 하나를 소개한다.

조 목사의 칼럼에 목사는 하나님과 성도의 종이다는 표현이 있었다. 그 내용을 소개할 때 종이라는 표현이 평신도 입장에서 마음에 부담이 되어 심부름꾼으로 바꾸어놓았다. 그런데 조 목사가 이 부분을 다시 종으로 바꾸어놓는 게 아닌가. 더 나아가 그 말을 강조하듯이 그 단어에 동그라미를 쳐놓은 것을 보며 전율하는 감동을 느꼈다. 조현삼 목사 리더십의 진수를 맛볼 수 있었기 때문이다. 목사가 하나님의 종이라는 말은 사용할 수 있어도 성도의 종이라고 표현하는 것은 참으로 어려운 일이라는 생각이 들었다. 조 목사는 성도를, 때로는 섬기는 자세로 때로는 아버지의 마음으로 포용하고 사랑한다.

조 목사는 글을 쓰는 과정에서 단 한 번도 궁금해하거나 영향을 주려고 한 적이 없다. 현재 쓰고 있는 글의 방향에 대해 코멘트를 부탁하면 알아서 하라며 칭찬과 격려만 해줄 뿐이었다. 이처럼 절대적인 신뢰를 업고 신바람이 나서 소신껏 집필을 계속할 수 있었다.

조 목사가 나에게만 이렇게 한 것이 아니다. 모든 교인들을 하나님의 소중한 자녀로 대하고 믿고 일을 맡기며 사람을 세우는 데 앞장서니 사람들이 감동 속에서 심령의 기쁨을 누릴 수 있다. 이렇게 감동받은 교인들은 자신이 발견한 행복을 전하기 위해 지하철로, 병원으로, 산으로, 거리로 자발적으로 뛰어나가 전도의 용사로 변한다. 나아가 교회에서 기쁨과 은혜가 충만하니 사회에 나가서도 그리스도인의 향기를 저절로 발산하는 귀한 예수의 모델들이 되고 있다.

또한 조 목사는 부목사와 전도사를 예수님이 제자를 키우는 마음으로 사랑하면서 목회자를 양성하고 있다. 부교역자들이 설교를 잘하거나 좋은 일이 있으면 담임목사가 앞장서서 칭찬하고 기뻐하기에 바쁘다.

나의 신앙생활에도 많은 변화가 일어났다. 무엇보다도 교회에서 보내는 시간이 엄청나게 늘어났다. 예전에는 주일날 낮 예배만 참석하는 소위 선데이 크리스천이었다. 하지만 요즈음에는 주일의 대부분의 시간을 교회에서 보낸다. 주일 예배, 오후 2시의 등산 전도대, 저녁 예배를 빠짐없이 참석하면서 주일을 온전히 하나님께 드리기 위해 노력하고 있다. 여기에다 수요일 저녁 예배, 목요일 구역 예배에 참석하고 있어 혹시 이러다가 거의 매일 교회에 나가게 되는 건 아닐까 하고 은근히 걱정되기도 한다.

교회에서 조용히 눈물을 흘리는 경우도 적지 않았다. 지금까지 신앙생활을 하면서 교회에서 눈물을 흘린 기억이 거의 없다. 나의 신앙이 늘 초급 수준에 머물러 있었고 머리로 믿고 마음의 감동이 없었던 까닭이다. 그러나 광염교회에서 보낸 1년 동안 눈가에 눈물이 고이는 경우가 많았다. 조 목사의 설교를 듣다가, 홈페이지의 글을 읽다가, 교인들의 따뜻한 이야기를 전해 듣다가 북받쳐오르는 감동을 주체할 수 없어 눈물을 흘린 적이 한두 번이 아니다. 교인들은 목사를 진정으로 존경하고, 목사는 교인들을 겸손하게 섬기며, 목사와 교인들이 함께 고난받고 소외된 이웃에게 사랑을 전하는 모습은 참으로 아름다웠다. 이것이 바로 천국의 모습이리라.

사람을 연구하는 나에게 아름다운 사람들의 이야기는 늘 가슴을 뛰게 만들었다. 더욱 놀라운 것은 미처 공개하지 못한 가슴 뭉클한 감동적인 이야기들이 또 하나의 책을 만들 수 있을 만큼 충분히 준비되어 있다는 사실이다.

나는 교회를 통해 세상을 바라보는 눈을 바꾸게 되었고 기독교에 대한 소망을 갖게 되었다. 아니 기독교인이라는 사실이 자랑스럽게 느껴졌다. 부끄러운 고백이지만 과거에는 그런 확신이 없었다. 그러나 이제 자신감이 생겼다. 성경 속에 잠자는 안타까운 예수가 아니라 삶 속에서 살아 움직이며 사랑의 기적을 행하는 예수를 보았기 때문이다. 리더십에 대한 연구자이자 기독교 신자로서 확실한 성공 사례를 보았다. 그 결과 사랑의 눈으로 세상을 바라보니 이 땅의 모든 교회와 세상이 아름답게 보였다. 문제가 있을 때 함께 기도하며 노력하면 해결할 수 있다는 확신과 소망도 생겨났다.

교회에서 많은 신자들이 지금까지 신앙생활하면서 마음을 짓누르며 이건 아닌데라고 생각하던 문제점들이 다 해결되니 남는 건 행복뿐이라는 고백을 자주 듣는다. 이처럼 아름다운 공동체는 태어나는 게 아니라 만들어지는 것이다.

광염교회 사람들이 행복한 이유는 조건이나 상황이 좋아서가 아니다. 서로가 부족함과 연약함을 인정하고 불편함을 참고 견디면서 상대방을 칭찬하고 격려하며 세워주는 데 있다. 나아가 가난하고 소외된 이웃에게 예수의 사랑을 전하기 위해 언제든지 달려가는, 실천하는 신앙에서 찾을 수 있다. 존경받는 목사님, 행복한 성도들로 요약되는 감자탕 교회 이야기가 교회뿐만 아니라 모든 공동체가 사랑을 실천하고 행복을 체험하는 데 작은 참고 자료가 되기를 바라는 마음 간절하다.